COMUNICAZIONE ASSERTIVA

Sviluppa anche tu le tecniche per esprimerti correttamente, imparare a gestire l'ansia e saper reggere al meglio un confronto.

Roberta Severoni

SOMMARIO

INTRODUZIONE

Questo libro è dedicato a tutti, sia ai comunicatori esperti in cerca di nuovi stimoli e nuovi strumenti di lavoro, sia ai neofiti e alle persone curiose.

Tuttavia, vorrei dare un particolare "benvenuto" a chi si trova in difficoltà a causa di insicurezza, difficoltà nel farsi accettare e nel farsi ascoltare, problemi di interazione sociale a livello professionale ma anche relazionale.

Se sei tra queste, per prima cosa, voglio che tu capisca una cosa fondamentale:

il problema non "sei" tu.

Il problema non è legato in alcun modo a qualcosa che "saresti", elimina proprio il verbo essere da qualunque affermazione che fai su te stesso che ti pone in qualche modo in imbarazzo o che ti porta una sensazione di inferiorità, difetto o malessere.

Ripeto: non "sei" tu il problema.

Il problema è quello che "fai".

Può sembrare una semplificazione esagerata, ma è la pura verità: quando qualcosa (un sistema complesso, come anche gli esseri umani) che non funziona "fa" qualcosa di diverso rispetto a prima, smette di "essere" il problema e, auspicabilmente, cambia, va verso la soluzione.

L'azione, qualunque essa sia, magari anche simbolica, immateriale come appunto la parola (o leggere un libro, come quello che hai per le mani), cambia le carte in tavola.

Ancorarsi a una parola categorica come il verbo essere, legato soprattutto a descrizioni di sé negative, porta alle piccole e grandi catastrofi.

Me ne resi conto anche durante i corsi di scrittura creativa che seguii tempo fa.

C'era un esercizio che mi piaceva molto, in cui bisognava fare una breve autobiografia, esaminando un punto centrale della propria vita per poi inserire un elemento di fantasia.

Mi accorsi subito che le persone che avevano evidenti problemi di sociabilità, i "timidi cronici" a cui l'insegnante doveva tirare fuori le parole con le tenaglie, odiavano invece questo momento perché avevano tutti una serie di impedimenti; questi soggetti avevano in comune proprio un linguaggio con cui si esprimevano "male" e non capivano neanche di stare muovendo delle leve potenti nella propria mente.

Iniziavano quasi sempre la lettura del proprio pezzo con:

"So che non vi piacerà quello che sto per leggere",

"Questa cosa che ho scritto è brutta",

"Scusatemi se sono noioso"

e cose del genere.

Anche nella lettura erano remissivi, trasmettevano in ogni modo possibile la loro difficoltà nell'aprirsi con il linguaggio non verbale e con quello paraverbale.

Si incaponivano in dettagli negativi, esponevano in modo prolisso, fino a essere estenuanti, ciò che secondo loro non andava bene e a volte mancavano perfino la consegna, concentrati com'erano nel ruolo di "vittima" che si erano (o gli era stato) cucito addosso, senza minimamente sospettare che potessero comportarsi diversamente.

La consegna era quella di descrivere un fatto importante della propria vita: potevano quindi sbizzarrirsi, chi nel descrivere il giorno del diploma o della laurea, chi in un evento personale… invece, per lo più, finivano a descrivere il giorno più brutto che avessero passato.

La cosa buffa era che molti avevano iniziato a scrivere proprio per cercare di combattere questo tipo di carattere facilmente dominabile da chi, invece, non si fa scrupoli di passare sopra agli altri.

Io, d'altro canto, **capii l'importanza di calibrare le parole** e di come il nostro vocabolario personale ci influenzi nella vita di tutti i giorni.

A supportare questa idea ho poi trovato vari studi di **psicologia e filosofia del linguaggio** oltre che di **PNL**.

Da qui, ho trovato la necessità di divulgare queste scoperte che credo fortemente saranno in grado di aiutarti a fare un piano per identificare quelle criticità del linguaggio che ti "mettono i bastoni tra le ruote", e imparare invece quali sono le parole (e i modi di pronunciarle) che ti aiuteranno in ogni situazione.

In questo libro, perciò, impareremo non solo a parlare con gli altri in maniera più efficace, ma anche a rivolgerci a noi stessi in modo più funzionale, più utile a rinforzare i nostri punti deboli e costruire dei punti forti.

Quello che ti posso consigliare, fin da ora, è di trovare un momento per te stesso in cui dedicarti a questa lettura con calma e rilassatezza: cerca di capire che per prima cosa ti devi prendere cura di te, e l'aver preso in mano questo libro è già un primo passo verso quel miglioramento che stai cercando.

Ti prometto che, quando lo avrai finito di leggere, ti sentirai davvero una persona diversa.

A supporto delle tesi che leggerai, troverai anche degli esercizi con cui rinforzare la tua assertività e cambiare finalmente il tuo modo di porti al mondo.

Anche quando avrai finito di leggere questo testo potrai tenerlo a portata di mano, in modo da ripassare i punti più importanti e avere un valido sostegno al tuo fianco nei momenti difficili.

Sii sicuro di questo fatto: tu puoi migliorare sempre, e c'è sempre un margine di miglioramento possibile, sia che tu sia un ottimo oratore che una persona timida con difficoltà nelle relazioni interpersonali.

La base della comunicazione efficace, in buona sostanza, è l'edificazione di una buona struttura interiore, fatta di autorevolezza e connessione col prossimo.

Attenzione, però: "autorevolezza" non significa che dobbiamo mettere i piedi in testa al nostro interlocutore, così come "connessione" non vuol dire farci mettere i piedi in testa a nostra volta al fine di assecondare gli altri.

Per non essere vittime di un sistema soverchiante e per non essere neanche comunicatori rigidi e autoritari, dobbiamo mettere al centro di tutto questo una personalità vincente, definibile anche come assertiva.

Come vedremo, l'assertività non è un concetto di ultima generazione ma circola negli ambienti accademici e professionali già da quasi settant'anni.

Cos'è l'assertività

Il problema, dal mio punto di vista, è che nessuno ti ha mai insegnato a "tastare il polso" delle tue emozioni e della tua comunicazione.

A scuola impariamo qual è il fiume più lungo, qualche verso di qualche poesia da recitare a memoria, ma tante volte gli alunni che escono dagli istituti non sanno come "stanno", né imparano a riconoscere cosa accade dentro di loro.

Non curiamo, cioè, l'equilibrio interno delle persone che andranno a comporre la nostra società, se non andando da professionisti quali coach e psicologi.

Dopo aver fatto un'esperienza di insegnamento, ti posso assicurare che questa cosa salta all'occhio allenato del comunicatore:

la gente viene riempita di nozioni (molte importanti, per carità!), ma manca completamente di introspezione.

In questo modo, ci sono dei caratteri che, per vari motivi, ne escono "vincenti" e riescono ad essere più competitivi e carismatici, e altri che invece hanno difficoltà a far capire il proprio punto di vista.

Non importa se si conosce perfettamente la grammatica e il vocabolario della propria lingua, se non si hanno gli strumenti emotivi per esprimere i propri sentimenti e le proprie necessità, non riusciremo a farci capire.

Chi invece possiede tali strumenti riesce a far valere le proprie ragioni.

Spesso diamo per scontato che gli esseri umani riescano, prima o poi, a trovare la lucidità e la chiarezza di intenti, ma la nostra società troppo spesso è convinta che basti la maturità anagrafica per perseguire tali scopi.

Ciò è falso, e si può invece essere assertivi sin da bambini e continuare ad esserlo per tutta la vita in modo da preservare i seguenti principi cardine della personalità funzionale e propositiva:

- Equità
- Rispetto
- Correttezza personale
- Correttezza comunicativa
- Difesa degli interessi personali
- Mantenimento di uno stato di positività
- Resilienza.

Torneremo su questi punti e faremo in modo che questi siano i cardini della tua comunicazione grazie alla strutturazione di un programma pratico, sarà più facile di quello che puoi immaginare.

Voglio però fare un'altra precisazione riguardo questo testo, e credo sia d'obbligo per correttezza formale nei confronti di chi si prende l'impegno di leggere un libro scritto con degli obbiettivi che vogliono essere più positivi possibili:

anche se non sei una persona timida e con difficoltà nel far sentire la propria voce, puoi trovare giovamento dalle informazioni che sto per rivelarti; piuttosto, voglio avvertirti che questo **non è** un manuale su come *"manipolare"* gli altri, su come mentire spudoratamente senza farsi beccare o su come essere sempre al centro dell'attenzione, soprattutto con fini poco onesti.

Ti rivelo anche un segreto: esiste una fitta letteratura di questo calibro, con promesse che vanno dal "conquistare ogni donna che incontrerai" al "vendere ghiaccio agli eschimesi", presunti manuali di "tecniche segretissime della CIA" per poter far fare agli altri tutto quello che si vuole... ecco, lasciatelo dire da chi è in continuo contatto con psicologi, linguisti, copywriter ed editori, ovvero tutte figure esperte della comunicazione: i presunti "saggi" che propongono metodi per manipolare la mente altrui o perfino di ipnotizzare grazie alle istruzioni contenute in qualche pagina con grafiche "rubate" online, sono spazzatura e come tale te ne dovresti tenere alla larga.

Cerca sempre invece di avere nozioni di qualità, informazioni verificate e scientificamente accurate anche se non "di moda".

Per andare subito al nocciolo della questione, il libro che stai leggendo basa la sua efficacia sul fatto che esiste un **comportamento assertivo** codificato e riproducibile da tutti gli esseri umani,

il quale ha la capacità di migliorare notevolmente le doti sociali e la stabilità psicologica di chi lo interiorizza.

Sulla base di questa premessa, posso assicurarti che stai per fare una scoperta che, in qualche modo, ti cambierà la vita.

Perciò, bando ai tentennamenti e alle indecisioni, iniziamo subito a capire in che modo stiamo per migliorare la tua capacità di esprimerti e di concepire il tuo Io comunicativo.

Cos'è la comunicazione assertiva

La paternità dell'assertività è attribuita ad Andrew Salter.
Per riconoscere la validità dei suoi studi, possiamo dire che tale geniale personaggio (che tra le altre cose parlava fluentemente sette lingue) ha contribuito enormemente allo studio sul comportamentismo partendo dalle basi pavloviane sul condizionamento, ma portando tali studi a livello terapeutico con quella che viene chiamata "Terapia riflessa condizionata".
Grazie ai suoi interventi, soprattutto sulla traduzione dei testi di Sigmund Freud, è stato possibile rivalutare l'origine stessa del fondamento della psicanalisi per come viene studiata nelle università contemporanee.
Tuttavia, Salter non resta ancorato dogmaticamente alla filosofia freudiana su alcuni punti molto importanti; per esempio, restando più in linea con altri studiosi come la Montessori, non crede nella natura perversa e morbosa che starebbe all'origine della psiche umana, le cui conflittualità con le necessità civili porterebbero alle psicopatologie descritte proprio da Freud.
Al contrario, per Salter la natura del bambino non è in contrasto con uno stato propositivo e altamente funzionale, anzi, ogni bambino può sviluppare tale abilità se gli viene concesso il modo di farlo.
L'assertività, per come viene descritta dai dizionari medici e di psicologia, è una forma di comportamento incline all'affermazione di una dichiarazione senza bisogno coercitivo di prove, tramite invece l'affermazione del diritto personale e tramite il proprio punto di vista; tale affermazione del Sé avviene senza minacciare in alcun modo l'identità e le necessità dell'altro, senza bisogno di perseguire una posizione di dominio e senza essere sottomessi agli altri, ignorando o negando diritti e punti di vista personali.
Per quello che possiamo notare, quindi, l'idea stessa di assertività non è una pura elucubrazione filosofica teorica, ma travalica anche i confini stessi della psicologia andando a contribuire significativamente nei campi della pedagogia, della sociologia, del linguaggio e della comunicazione.
Da qui, la necessità di declinare gli insegnamenti di Salter verso la

comunicazione assertiva, la disciplina che crea un punto di congiunzione tra tutte queste nozioni al fine di rendere fruibile da tutti e in ogni occasione l'abilità sopra descritta.

Riprendendo l'elenco delle qualità che ci riproponiamo di costruire insieme, possiamo vedere come queste siano delle abilità sociali e personali valide sia nella vita personale che in quella professionale e che scommetto non vedi l'ora di sviluppare anche tu.

Quindi, quando parliamo di "**equità**" ci riferiamo a un principio per cui tutti quelli che stanno partecipando a qualsiasi livello a una comunicazione hanno pari diritto ad esprimersi e far valere il proprio punto di vista, compatibilmente con il ruolo che rivestono in quel contesto.

Questo principio è strettamente connesso con il "**rispetto**", la necessità di identificare i ruoli e di non lasciare che un ruolo di potere "schiacci" quelli gerarchicamente più deboli, e con il principio di "**correttezza personale**", ovvero la capacità di essere imparziali e di non lasciare che il vissuto personale interferisca nella comunicazione e nelle dinamiche tra i vari ruoli che partecipano alla discussione.

Al fine di mantenere quanto detto sopra, è necessario possedere una "**comunicazione corretta**", sopra definita "correttezza comunicativa", per cui quando si parla si deve essere estremamente sicuri della definizione di quanto espresso: vediamo gli attriti che si innescano quando due persone si dicono d'accordo su qualcosa, ma una delle due intende una cosa diametralmente opposta a quanto percepito dall'altro[1].

La correttezza formale deve servire a fugare possibili dubbi e trovare un terreno comune stabile su cui tutti abbiano pari diritti.

La persona assertiva non è solo quella che "tende la mano" verso l'altro in modo da creare i presupposti per una interazione virtuosa, ma è anche quella che difende i propri spazi, la propria identità e la propria integrità.

A tale scopo, troviamo il principio della "**difesa dei propri di-**

---

[1] Per fare un esempio molto banale, se io dicessi "ci vediamo tra cinque minuti in piazza" e l'altro con "cinque minuti" intende una misura elastica che varia di circa mezz'ora, probabilmente avremo un problema.

ritti", quindi non tanto in senso puramente giuridico quanto piuttosto inserito nell'ottica dell'avere la possibilità di vedere riconosciute le proprie necessità e la possibilità di appagarle, senza che ciò costituisca un problema per nessuno.

Il "**mantenimento di uno stato di positività**" è, in parole povere, l'attenzione che dobbiamo rivolgere alle nostre sensazioni: quando ci viene chiesto di fare qualcosa che non ci va di fare, potrebbe essere comunque una richiesta a fin di bene, ma se sentiamo che quella richiesta non ci fa sentire bene, o che sappiamo già che tale domanda avrà degli effetti negativi, dobbiamo proteggerci.

Durante una contrattazione possiamo chiederci "come mi fa sentire questa richiesta?" e allo stesso modo, usando un po' di empatia, possiamo domandarci se ciò che chiediamo a nostra volta possa essere percepito (o esserlo davvero) come dannoso da parte dell'interlocutore.

La parola "**resilienza**", infine, ci riconduce a quell'abilità caratteriale che tutti possono sviluppare, in cui si riesce a "resistere agli urti".

Non è convenzionalmente identificata nell'assertività e nella terapia comportamentale tradizionale, ma è un ottimo strumento che riassume perfettamente la qualità di chi, di fronte a una comunicazione difficile, magari a causa di un interlocutore aggressivo o di un argomento che crea agitazione, non si scoraggia e "resiste agli urti", tornando in una posizione di integrità dove ritrovare tutti gli altri principi esposti sopra.

È una parola abusata[2] in tantissimi contesti e molti la usano senza sapere realmente la portata del suo messaggio profondo, perciò ti invito a riflettere sul suo significato senza troppe macchinazioni ed elucubrazioni fuori contesto.

---

2 Ho personalmente assistito a una crisi di pianto per la cancellazione di uno show in streaming da parte di una persona che aveva tale parola tatuata sul braccio: arrivare a scriversi permanentemente addosso un principio perché "di moda" ma non essere capaci di interiorizzarlo, dimostra quanto sia pressante il problema della mancanza di assertività nella nostra società.

Essere resilienti vuol dire non farsi abbattere dagli intoppi che si possono trovare durante una conversazione e non portare dentro di sé le esperienze negative come se fossero dei pesi che pregiudicano le nostre capacità di comunicare in futuro.

PARTE 1

LA COMUNICAZIONE DENTRO DI NOI

Capitolo 1

"VERBA NON VOLANT", COSA DICONO DI NOI I VERBI

La cosa straordinaria del percorso che stai per intraprendere è che, nonostante si parta da delle semplici parole scritte su un testo, se farai quanto riportato sentirai davvero un cambiamento.
Per fare ciò, ti devo avvertire che quando ti consiglierò di fare degli esercizi, sarà bene che tu ti concentri e li esegua, se possibile nell'immediato, quando cioè sei ancora "fresco di lettura" e avevi già programmato di avere del tempo per leggere.
È un po' come in "Karate Kid":

**Caro lettore,
è tempo di fare un patto solenne.
Io prometto solennemente di insegnarti,
tu devi promettere di imparare ed esercitarti.**

Mi viene in mente quella vecchia storia di un signore che ogni giorno andava in chiesa a pregare il santo patrono della sua città a cui era molto legato.
"Fammi questa grazie, fammi vincere al lotto!
A te che ti costa?
Mi fai uscire i numeri, tre me ne servono, solo tre, e poi io sono a posto!
Non faccio più nulla di male, ti giuro!" e così per tantissimo tempo, ogni giorno lamentele e candele finché la statua del santo, mossa da tanto accanimento, si mosse e la figura sacra così parlò:
"Però giocala, 'sta schedina!".

Scherzi a parte, anche noi molto spesso abbiamo atteggiamenti involontari e di cui non siamo consapevoli, simili a quelli della battuta che ti ho appena raccontato;
volere cambiare vita senza cambiare qualcosa nel proprio comportamento equivale a fare come quel parente che si lamentava di essere stato da tanti dottori e di non aver risolto il suo "dolore continuo", fino al giorno in cui la moglie, stanca di tanto piangersi addosso, non gli chiese "Hai visto tanti dottori, e va bene, ma tu l'hai mai iniziata una terapia?" Ovviamente, il parente testardo si era ben tenuto alla larga dai farmaci e dalla dieta prescritta da tutti gli specialisti interpellati…
Prendere un libro e pretendere di modificare il proprio stile di vita è un ottimo modo per modificarlo, ma in peggio.
Conosco molte persone che hanno acquistato tanti libri per smettere di fumare o per dimagrire, dichiarare che non servivano a nulla.
Questi soggetti hanno lasciato tali acquisti (o regali, in alcuni casi) a prendere polvere su una mensola in bella vista, come dei segnali con cui dirsi ogni giorno "Visto? Non funziona niente, non puoi cambiare quello che sei!" ma se interpellati, i protagonisti di queste vicende, non senza tentennamenti e sbuffi, ammettono di non averli mai aperti e di non sapere di che cosa trattino.
Perciò dopo averti illustrato nell'introduzione su cosa andremo a lavorare ed averti fatto comprendere la necessità di impegnarsi per raggiungere uno scopo qualunque (non importa quanto grande) arriviamo al primo lavoro che dovrai tenere da parte fino alla fine della lettura.
Stai per affrontare il tuo primo esercizio e ti spiegherò passo per passo come questo ti servirà.

Il tuo primo esercizio assertivo

Prendi un pezzo di carta, una penna e scrivi il motivo per cui hai deciso di cominciare a leggere un testo sulla comunicazione assertiva.

Non barare, non leggere oltre se non hai completato l'esercizio.
Hai preso carta e penna?
Hai scritto il motivo per cui hai deciso di acquistare questo testo?
Prenditi pure il tempo necessario.
Hai scritto? Bene, puoi proseguire.
Questo esercizio semplicissimo fa parte del percorso in cui imparerai a osservare il tuo linguaggio personale e gestire le parole che usi per definire i tuoi obbiettivi.
Ti anticipo già che cambiando tali termini, otterrai dei risultati grandiosi.
C'è gente che risponde "Sono un disastro nelle comunicazioni" molto generico ma ci fa capire che, in almeno un contesto, la persona non riesce a parlare con gli altri senza sentirsi in difetto, magari perfino in imbarazzo.
Ci sono altri che dicono "Ho difficoltà nell'esprimere le mie esigenze agli altri", un tipo di messaggio assai specifico tipico di chi va dal parrucchiere e, quando questi gli fa un taglio orribile, si ostinano a fargli i complimenti per poi piangere a casa o quelli che mangiano l'ordinazione sbagliata portata dal cameriere anziché far notare che non si ha ricevuto il piatto richiesto.
Poi ci sono le persone che danno risposte assai precise "voglio che il mio prossimo compagno mi capisca", "voglio che mio figlio faccia quello che gli dico", "voglio che i miei colleghi e il mio capo mi prendano sul serio" e si arriva perfino ai messaggi in cui si interpellano (virtualmente) i destinatari di un appello alla riappacificazione.
Ora puoi mettere via il foglietto, magari usarlo come segnalibro o lasciarlo da parte per quando, più avanti, confronteremo quello che hai scritto con i progressi maturati.
Sappi solo che, quando avrai finito di leggere, avrai una bella sorpresa.

La comunicazione dentro di noi: la macchina parlante

L'uomo è spesso definito come "l'animale sociale", e questo per svariati motivi che hanno molto più a che fare con le sue peculiarità biologiche che con la sua concezione filosofica.

Per farla breve, l'essere umano è una delle pochissime specie ad aver sviluppato una corteccia cerebrale tale da consentire lo sviluppo di un linguaggio verbale, l'uso di metafore e simbologie, la capacità di astrazione, invenzione, intuizione e immaginazione, proiettate non solo nello spazio ma anche nel tempo diverso da quello vissuto nel momento.

Oltre a ciò, è l'unico essere vivente ad aver costruito un sistema fonetico per poi trasferirlo in simboli con la scrittura.

Il cervello umano, sotto questo punto di vista, è una "macchina per la comunicazione" la cui complessità continua ad affascinare gli studiosi che ogni giorno progettano esperimenti per scoprirne nuove e più entusiasmanti funzioni e particolarità.

A questo complessissimo apparato si collega un'altra incredibile serie di parti di organi come laringe, faringe, muscolatura delle labbra e della lingua, con cui poter esprimere tramite la voce quello che pensiamo facendo vibrare le corde vocali e dando fiato alle parole.

Ai fini della nostra ricerca sul linguaggio assertivo, possiamo identificare due porzioni di materia grigia in cui dividere le funzioni di tale "macchina".

1. La prima, il "cervello rettile", costituito da parte del tronco encefalico e dall'amigdala, serve alle funzioni basilari per la sopravvivenza dell'individuo.
   Qui risiedono gli impulsi primordiali noti come "combatti o fuggi", per cui abbiamo queste due semplici opzioni di fronte a un pericolo.
2. La neocorteccia, il lobo frontale e il lobo temporale, deputate all'elaborazione delle informazioni in forma di dialogo e di connessioni per associazione mentale, lo sviluppo del linguaggio e la comprensione dei significati delle parole.

Qual è dunque il problema "neurologico" che si pone quando abbiamo difficoltà comunicative?

Cercherò di essere il più chiara possibile e di semplificare una nozione molto complessa su cui ci sono ancora accesi dibattiti.

Il cervello "rettile" va in conflitto con la neocorteccia quando si trova ad affrontare una condizione di stress.

Per l'amigdala, un colloquio di lavoro, una interrogazione per un esame universitario, un controllo da parte di organi istituzionali come il fisco o la questura, l'incontro con uno sconosciuto sono tutti eventi in cui proiettare scenari pericolosi e quindi manderà il segnale utile a tenersi pronti a una reazione di fuga o di contrattacco.

Ecco che sentiamo un blocco ai visceri dell'apparato digerente, la bocca secca, il fiato corto, il sangue affluisce verso la muscolatura di gambe e braccia "sbiancando" la pelle, le pupille si allargano per vedere meglio il bersaglio o la via di fuga, viviamo l'effetto "rallentatore".

La parte più primitiva del nostro complesso sinaptico non capisce che non c'è bisogno di una simile reazione e si scontra con la parte più evoluta, quella adibita alla comunicazione e all'elaborazione dei messaggi verbali, la quale invece deve processare una risposta efficace.

Tutto qua.

Sapere cosa accade nella tua scatola cranica può aiutarti a capire che quello che ti succede quando senti di stare "fallendo" nella comunicazione è perfettamente normale, ampiamente diffuso nella popolazione umana, ed è un riflesso indotto dal "vivere civile".

Il tuo corpo (cervello compreso) si deve addomesticare a una reazione rilassata e capace di esprimere quello che si sviluppa nelle sedi cerebrali preposte al linguaggio non per un riflesso istintivo e primitivo per la tua volontà.

In queste aree, relativamente "nuove", si sviluppano concetti chiave dell'identificazione del sé e dello sviluppo della parola e possono essere condizionate.

Come?

Con la parola, ovviamente.

Vediamo quali sono alcune scelte linguistiche che possiamo fare per cominciare a muoverci in modo volontario e controllato.

23

"Essere" o "avere"? Meglio "fare"

Come prima cosa che affronteremo relativa all'esercizio di poc'anzi, ma che trova riscontro in tutta la stesura di questo testo, troviamo la definizione del nostro comportamento e della nostra percezione del sé attraverso i **verbi ausiliari**.

Questa dicotomia, questo "**essere o avere**", è stata al centro di accesissimi dibattiti con non poche problematiche connesse.

Erich Fromm, il celebre psicologo e ricercatore tedesco reso famoso da "L'arte di amare", scrisse un saggio proprio dal titolo "Avere o essere?" in cui sviscerava tale divisione.

Ci sono personalità più inclini ad una certa visione del mondo e altre che vanno in un'altra direzione, ma la differenza si manifesta proprio quando queste devono descrivere ciò che vogliono o che stanno facendo.

Manco a farlo apposta, il suo messaggio è quello di propendere per la decisione di "essere" qualcosa, prendendo spunto dalle grandi guide morali e spirituali dell'umanità, al fine di aspirare a qualcosa di più alto che il semplice "avere".

E su tutto questo, non potrei che essere d'accordo.

Il "problema" che Fromm non ha affrontato nel proprio testo (il quale si concentra di più sulle problematiche sociopolitiche del Novecento che sulle dinamiche interne alla mente del singolo individuo), è che "l'essere qualcosa" richiede una forma psicologica statica e immobile: una fede politica o religiosa richiede questo tipo di fermezza, ma quando si tratta di psicologia dei singoli individui, specialmente in relazione agli altri, l'essere umano può usare risorse dinamiche quali l'**adattabilità**.

Pensa bene adesso al biglietto che hai scritto.

"Avere" o "essere" nel problema non crea i presupposti per poter cambiare lo stato delle cose.

Come dicevamo appunto nell'introduzione, tu non "sei" il tuo problema.

Allo stesso modo, non "hai" un problema (benché sintatticamente e grammaticalmente sia corretto dire così), e anche pensare di "volere" qualcosa non lo pone immediatamente sul tavolo di eventuali trattative con gli altri o con noi stessi.

Scopriremo più avanti come certi verbi risuonino direttamente nel cervello, con evidenze pratiche ben lontane dall'essere amabili chiacchiere da salotto, e il loro uso cambia radicalmente il nostro modo di vivere.

Tempo fa collaboravo con una psicologa, la quale mi introdusse agli studi di **Goleman** sull'**intelligenza emotiva**.

Anche lei aveva avuto modo di osservare dei pazienti che, nel pieno della frustrazione per la propria condizione infelice, si chiudevano a riccio ripetendo ossessivamente frasi negative per descriversi; nel farlo, usavano affermazioni di questo tipo:

- "sono un disastro"
- "sono stupido/a"
- "non sono capace"
- "sono cattivo/a"
- "non sono adatta/o a stare in società/ad avere una relazione"

eccetera.

Le persone che si sentono spesso in colpa, talvolta in maniera preventiva, sentono di "essere sbagliate" e per questo si sentono costantemente in difetto.

La "colpa", però, non è un concetto applicabile a chi "è" qualcosa. Se sei alto o basso nessuno può accusarti di aver fatto in modo di essere tale.

Dal punto di vista della crescita personale, questo tipo di ragionamento rasenta una ossessione infantile che impedisce al sé di crescere perché, a differenza del bambino che sarebbe "cattivo", "monello", "disubbidiente" per una non ben precisata natura caotica, l'adulto deve prendersi le responsabilità delle proprie azioni e non esiste una condizione preesistente innata che lo renda immune dal giudizio.

"Adulto", dopo tutto, significa "colui cha ha smesso di crescere" e che dunque può farsi strada nella vita con quello che ha seminato in precedenza.

Restare ancorati a un sistema di definizione di sé stessi che usa il verbo "essere" per definire i problemi che si hanno nell'interazione personale significa evitare la responsabilità di come e cosa si dice.

Non ti preoccupare, ti insegnerò come portare avanti al meglio una interazione in modo da toglierti i pesi che sentivi finora, ma già adesso puoi rileggere l'elenco della pagina precedente e, anziché usare il verbo "sono", prova ad adattare le frasi in modo da usare il verbo "fare", ad esempio, nella prima riga, "Io ho fatto un disastro". Noterai che suona completamente diverso.

"Io sono un disastro" non ammette repliche, non può ottenere un risultato che non sia disastroso, non può che prefigurare disastri futuri e calcolare il passato solo in base ai fallimenti collezionati. Se invece il disastro è stato "fatto", c'è margine di miglioramento e soprattutto, c'è la possibilità logica di recuperare e aggiustare la situazione, e non importa quanto questa possa sembrare disperata e irreparabile: c'è sempre una possibilità di fare di meglio e di ottenere un risultato, sicuramente più che gettando la spugna e rassegnandosi al fatto che "sei un disastro".

Non lavartene rapidamente le mani, dedica tempo a quello che ti sta a cuore e impegnati.

In questo caso, dedicati alla comunicazione.

Ora, **prova a ripetere** ad alta voce la sequenza della pagina precedente, poi la versione con il verbo "fare" declinato e adattato a ogni caso.

E ora, cosa ancora più importante, pensa a una **soluzione**.

Tale processo è forse il più importante che potresti apprendere, e se tu lo padroneggiassi già ti direi che non avresti bisogno di nessun aiuto nella vita; ognuno di noi, però, ha le sue criticità, e i prossimi capitoli ti aiuteranno a trovare soluzioni concrete per ogni problema di comunicazione.

Per ora, concentrati sulla soluzione perché, come mi disse una volta una persona saggia, le persone troppo spesso si concentrano sul problema ma non su come superarlo.

Lamentarsi è facile, e se ho sete e non cerco di che dissetarmi, continuerò a stare male e ad acuire il mio disagio, illudendomi che la verbalizzazione del malessere sia d'aiuto (essere).

Invece, l'unica cosa che uno può fare quando ha sete è bere (fare).

Sempre prendendo spunto dall'elenco di prima, prova a pensare a come si risolve il problema, caso per caso.

"Io sono un disastro" diventa "Io ho fatto un disastro" e quindi "Io

posso fare qualcosa per rimediare".
Nota bene: ho usato il verbo servile "posso" non a caso…

"Volere è potere", ma anche "dovere": i verbi servili al nostro servizio

Anche l'uso dei verbi servili riveste una importanza primaria nel modo in cui parliamo a noi stessi e nel modo in cui inquiniamo o ripuliamo il nostro ambiente interiore.

Dite a qualcuno che "deve" fare qualcosa e si sentirà riluttante a fare quel che in realtà non gli costerebbe grande fatica fare e che magari prima o poi dovrà comunque fare.

Dite a qualcuno che non può fare una cosa e la vorrà fare più di ogni altra cosa al mondo, ma se glielo dite ogni giorno, specialmente se si tratta di un bambino, se ne convincerà e, quando gli chiederete di farlo, vi dirà di non poterlo fare.

Tale è il potere dei **verbi servili**.

È arrivato il momento di fare un po' di introspezione.

Se ne hai la possibilità, esamina i tuoi messaggi mandati tramite servizi chat o qualunque tipo di missiva tu possa aver scritto ultimamente.

Quale dei tre verbi servili usi più spesso? Quali eviti di usare? Noterai che magari ci sono persone con cui usi un verbo e altre con cui lo eviti accuratamente.

Questo è un indice pratico delle dinamiche che intrattieni.

Adesso, come altro **esercizio** che puoi attuare ogni volta che vuoi (o puoi) prova a decifrare parte della personalità delle persone che hai intorno tramite l'ascolto attivo e la comprensione del contesto in cui il parlante usa questi verbi.

A me fu consigliato di esercitarmi in questo modo: quando devi prendere appuntamento con qualcuno, magari un amico, arriva con venti minuti di anticipo e resta in ascolto mentre gli sconosciuti fanno le loro conversazioni ordinarie; devi "origliare" discretamente, ma solo al fine di esercitarti.

Puoi anche fare questo esperimento prendendo mentalmente nota di come si esprimono le persone che conosci, ma anche gli speaker radiofonici, i conduttori televisivi o gli intervistati di qualche programma o documentario.

Inoltre, puoi anche fare tali considerazioni sulla base del tuo linguaggio, scoprendo cose di te che non avevi considerato; a tal fine,

puoi prendere i tuoi messaggi e rileggerli o registrarti mentre esponi un qualche fatto per poi riascoltarti.
Noterai molte sfumature interessanti.

29

Volere

Ad esempio, una persona che reitera troppo spesso la parola "**voglio**" lo fa perché sente vacillare la propria sicurezza e cerca di riaffermarla tramite l'esplicazione della sua volontà, un po' come fa un bambino che tenta di esasperare i genitori affinché lo assecondino, anche quando si usa il termine "non" per accompagnare l'espressione di volontà.

Esiste perfino un modo di dire proverbiale che scoraggia l'uso troppo frequente di questo verbo usato nella forma della prima persona singolare al presente ("L'erba 'voglio' cresce solo nel giardino del re"), proprio per far capire come sia indigesto, autoreferenziale ed egoistico.

La sua declinazione al condizionale, "vorrei", indica un approccio molto più morbido e meno categorico, ed è già indice di una maggiore accuratezza nelle relazioni e di maggior attenzione all'educazione.

Il "volere", ad ogni modo, sottolinea una mancanza, un desiderio, una lacuna da colmare, il "vedere il bicchiere mezzo vuoto", mentre attribuisce potere al soggetto legato al verbo. Se io chiedo a qualcuno se "vuole" qualcosa, sto delegando a lui la decisione, mentre se gli chiedo di fare qualcosa perché "lo voglio io", sto cercando di imporre qualcosa all'altro.

Dovere

Di diverso avviso è chi usa il verbo "**dovere**", soprattutto quando ne abusa.

Qui ci troviamo invece di fronte a una espressione di debolezza, esiste un ordine a cui bisogna ricorrere e fare riferimento, un imperativo che "costringe", una forza superiore a cui non si può scappare.

L'uso frequente del "dovere" è la controparte preferita di chi usa il "volere".

Da un lato, c'è una smodata affermazione delle proprie preferenze e l'attesa di veder soddisfatte le proprie aspettative, dall'altro c'è il tentativo di soccorrere o accontentare l'altro.

"Devo vedere quel parente", "devo fare la fila alle poste", "devo lavare i vestiti", sono tutte affermazioni in cui, sostituendo il verbo "devo" con "voglio" assumono un significato quasi opposto all'originale.

Il "dovere", per come interpretato dalla lingua italiana e per come viene vissuto oggi, è spesso una gabbia, la persona dipendente da una sostanza "deve" assumerla, un soldato "deve" eseguire gli ordini (pena la corte marziale) e, nelle condizioni sociali normalizzate dal vivere civile, una persona spesso sente di "dover fare qualcosa" anche se non ne ha voglia perché teme di scontentare il prossimo o di non poter uscire da un contesto in cui è costretto.

Certo, si può "dover fare" un lavoro e non sentirne il peso, ed è per questo che, nella nostra lingua e in molte altre lingue europee, quando qualcuno ringrazia per il compito che abbiamo svolto rispondiamo "è stato un **piacere**", trasformando così l'impegno preso in qualcosa di più leggero e non vincolante.

Potere

Infine, abbiamo il verbo servile che preferisco, il "**potere**".
L'uso dell'affermazione "**Io posso**" associato con sentimenti negativi è davvero molto raro.
"Io posso" indica una predisposizione di animo propositivo che si
svincola dalla gabbia emotiva dei verbi precedenti.
Tornando all'esempio della persona che soffre a causa di dipen-
denze croniche, noteremo che questa "vuole" l'oggetto che lo
rende dipendente, sente di "doverne" assumere delle dosi, ma
quello che non può controllare è se "può volerne".
Chi "può" decidere degli aspetti di un certo sistema è già in condizione di vantaggio.
Noterai che siamo portati a usare con parsimonia il verbo "potere"
e ciò è davvero un peccato.

Esercizi verbali assertivi

Tornando all'esercizio dei verbi "essere", possiamo usare la frase "io posso" come complementare alla ricerca di una soluzione efficace per i problemi esposti, per cui quando diciamo:
"Io sono un disastro",
possiamo prendere le briglie emotive di tale affermazione trasformandola in "Io ho fatto un disastro" e aggiungere che, per migliorare la situazione, "Io posso risolverla".
Quindi, otteniamo:
"Io ho fatto un disastro, ma posso risolvere la situazione".
Come esercizio finale di questo paragrafo, prendi le seguenti affermazioni e trasformale in "io posso…", "io posso fare…", "io posso avere…" eccetera.
Fai in modo che le frasi abbiano senso compiuto e ripeti quelle che ti servono di più.

- Io devo prendermi cura di me stesso;
- Io voglio un lavoro migliore;
- Io voglio che le persone mi amino;
- Io devo amare gli altri;
- Io devo farmi rispettare;
- Io voglio che gli altri mi ascoltino;
- Io devo farmi ascoltare dagli altri;
- Io sono in difficoltà quando devo fare quello che mi viene ordinato di fare;
- Io non voglio essere in difetto.

Dedicati agli esercizi e, quando ti accorgi che stai usando i verbi ausiliari o i verbi servili in modo negativo, passa al "io ho…" "io posso…"; noterai una trasformazione sia nella tua attitudine che nella disposizione d'animo di chi ti sta ascoltando.
Questo passaggio, ovviamente, non basta a cambiare completamente il proprio stile comunicativo, ma puoi considerarlo come uno degli ingredienti con cui modificare già il tuo atteggiamento, cercando di farlo diventare una seconda natura.

Conosci te stesso

Lo dicevano i filosofi greci con "gnothi sauton[3]", "conosci te stesso", lo ripetono molte filosofie orientali che concentrano il percorso spirituale della persona sulla capacità introspettiva dell'uomo di esplorare il proprio ambiente emotivo interno, lo dice la psicologia moderna e le discipline connesse.

Insomma, gli esperti di filosofia, religione e scienza comportamentale sono tutti concordi nel dire che c'è bisogno di una maggior comprensione dei fenomeni mentali per poter migliorare la qualità della propria vita, sia per fini molto alti e nobili che per pura convenienza pratica.

Tutto quello che è stato detto in questo capitolo è servito allo scopo di identificare alcuni nodi centrali della tua personalità su cui difficilmente hai avuto modo di riflettere prima e portare a galla quegli elementi critici che si sono manifestati nel tuo linguaggio e che testimoniano di una necessità di cambiamento.

Tale cambiamento ti viene offerto ora.

Così come è necessario sviluppare autoconsapevolezza al fine di migliorare le tue capacità espressive, sarà altrettanto utile ricordarti che sei tu l'artefice di questi cambiamenti interni e che questi si manifesteranno proprio con una nuova comunicazione: più efficace, più brillante, in una parola, assertiva.

---

[3] Il celebre motto "γνῶθι σαυτόν" fu coniato da Porfirio tra il 200 e il 300 d.C. Tale scritta campeggia sull'ingresso del tempio dedicato ad Apollo di Delfi.

Capitolo 2

L'INTELLIGENZA EMOTIVA

Quello che stiamo esplorando in questa prima parte del testo è la coscienza comunicativa, legata a filo doppio a quella che viene anche chiamata **intelligenza emotiva**.

Sicuramente avrai sentito parlare di **Quoziente Intellettivo**, un metro di misura in cui valutare la capacità di un individuo di risolvere problemi logici in un tempo relativamente breve, e che, anche quando non si nasce dotati di talento speciale come i grandi geni della scienza, può essere "alimentata" da esercizi, equazioni, nozioni e affini.

Invece, molto probabilmente, non avrai sentito parlare altrettanto del **Quoziente Emotivo**, il quale invece misura la capacità dell'individuo di inserirsi in un contesto sociale, mantenere relazioni funzionali, esplorare la parte emotiva del mondo, riconoscere schemi comportamentali, muoversi in maniera appropriata in un determinato contesto culturale, imparare a riconoscere i punti deboli e le criticità dell'interlocutore… insomma, saper risolvere un complesso problema di matematica o sapere a memoria intere enciclopedie può essere sicuramente un grande vantaggio per cui vale la pena impegnarsi e studiare, certo, ma se non si hanno le capacità emotive di esprimere al meglio e compatibilmente con il proprio pubblico il proprio sapere, non si sarà in grado di sfruttare il proprio potenziale e utilizzare le nozioni apprese.

Tempo fa, durante una conferenza sulla divulgazione del lavoro del suo ordine, uno psicologo disse che la nostra crescita tecnologica sta avendo un incremento fuori scala: ci sono state più invenzioni e scoperte significative negli ultimi trent'anni che, praticamente, nel resto della storia dell'umanità.

Questa crescita "infinita" del sapere scientifico-tecnico, però, non è accompagnata da una crescita personale e umana.

"Di questo passo," avvisava lo studioso, "avremo i mezzi con cui andare verso altri pianeti, ma saranno guidati da degli stronzi".

Parimenti, ho letto da poco una vignetta che spiega molto bene il divario tra intelligenza tecnica e intelligenza emotiva.

La storiella illustrava la situazione così descritta: "quale sarebbe la cosa più difficile da far capire a un antico romano che venisse trasportato nei nostri tempi?

Ebbene, quasi tutti abbiamo in tasca un oggetto con cui avere accesso virtualmente al sapere universale, ma lo usiamo per litigare con sconosciuti sulla ricetta di un piatto che neanche mangiamo".

La risorsa emotiva

Non lo dirò mai abbastanza: andiamo a scuola, impariamo moltissime cose fondamentali per essere individui funzionali all'economia globale, ma non impariamo a fruttare il nostro potenziale emotivo.

Quando poi mi sono trovato nella condizione di lavorare con dei manager e degli esperti di marketing, una delle prime cose di cui mi hanno parlato è stata l'importanza della comprensione delle emozioni.

A pensarci bene, qual è il principale problema che accomuna tutti gli uffici di tutte le aziende, enti, governi e società?

Non è la produttività, non è la gestione del fatturato, non è un software dall'interfaccia poco user-friendly... il problema sono le connessioni umane tra colleghi, con i capi e con i clienti.

La necessità di gestire queste tensioni, dovute alla ricerca di potenziale intellettivo con poca attenzione all'emotività, ha portato a istituire delle figure professionali come l'esperto di gestione delle risorse umane, psicologi aziendali, mediatori... il mondo dell'economia si è reso conto che per fare soldi si deve avere a che fare con delle persone, non con delle macchine.

Riprendendo gli studi di Goleman, l'autore che abbiamo già nominato nel capitolo uno, notiamo come in realtà il quoziente emotivo non è solo un mezzo per trovare conforto e intrattenimento, ma rappresenta uno **strumento evolutivo** che ci ha permesso di crescere come specie e di diventare l'unico sistema di vita intelligente capace di invenzioni, scoperte ma anche di letteratura, poesia e filosofia.

Il cervello umano si è evoluto di pari passo con le sue necessità di rafforzare il complesso sistema di interazione e comunicazione per cui non abbiamo bisogno di corazze, artigli, ali o pinne, solo di informazione e trasmissione dati, minimizzando gli sforzi e ottenendo enormi benefici.

La neocorteccia, sviluppata proprio per la comunicazione e l'emotività, ci permette di non avere solo le reazioni basilari che nascono nell'amigdala, fuggire di fronte al pericolo o combattere, ma ci predispone un vocabolario molto più fitto di possibili risposte alle diverse situazioni e, nella stragrande maggioranza degli episodi storicamente verificati, tali soluzioni necessitavano del supporto di gruppo e di una rete di individui votati a un obbiettivo comune.

Sto dicendo tutto questo perché voglio che tu capisca che il quoziente emotivo non è una trovata da "figli dei fiori" nemici del progresso, è invece una risorsa complementare che aiuta a migliorare e ottimizzare gli sforzi che facciamo come specie.

Andrew Salter insisteva proprio su questo punto, parlando di società e cultura: dobbiamo sforzarci di creare una **cultura assertiva** in cui far crescere i nostri figli, educarli all'assertività con i valori che già ho esposto nell'introduzione e, parafrasando e integrando le parole di Erich Fromm, utilizzare un approccio introspettivo alla realtà che vada oltre il semplice possesso materiale.

Connetterci con le emozioni sarà la vera sfida del futuro, perché grazie ad esse potremo costruire un ambiente proficuo, salubre e anche economicamente stabile.

Stili comunicativi

Per tornare a noi, per continuare il nostro viaggio e capire come queste affermazioni abbiano in realtà un effetto molto pratico sulla tua vita, possiamo concentrarci su un tipo di dinamica che sicuramente ti sarà familiare: **persone passive e persone aggressive**. Sembra quasi che le une non possano esistere senza le altre.
Ricordi gli esercizi sui verbi ausiliari e sui verbi servili? Quella è solo la punta dell'iceberg con cui identificare queste due personalità con caratteristiche dominanti o servili.
Molte altre scuole di psicologia e psicanalisi, come quella transazionale, si sono prodigate nell'affrontare questo tipo di dicotomia, osservando come l'una sia una manifestazione "necessaria" all'altra.
Una personalità infantile si interfaccia con una personalità adulta, una personalità passiva cerca di compiacerne una dominante aggressiva.
La buona notizia è che si può evadere da questo circolo vizioso e creare una comunicazione adulta fuori da questa cornice.
Prima di iniziare questo approfondimento, per farti meglio interiorizzare questi concetti e renderli utili, cerca di capire che non siamo elementi "fissi" (l'essere sociale fideistico di Fromm) ma, a seconda delle condizioni, mutiamo anche noi e possiamo passare da una condizione passiva a una aggressiva.
Pensa quindi a una volta in cui hai sentito chiaramente di essere incline a una o all'altra disposizione comunicativa, e soprattutto pensa alle persone che ti inducono ad avere una relazione di tipo passivo o dominante.

Personalità passiva

Per molti versi, coincide con quella che, nella psicologia transazionale, viene definita personalità infantile.

Ha bisogno di un adulto, si lamenta, "**vuole**" (o meglio, vorrebbe) ma non sa come ottenere.

Si rimette al giudizio e alle direttive altrui, salvo poi sabotare il processo in corso per necessità di uscire da uno schema altrimenti funzionale.

La persona passiva non cerca la pace, evita il conflitto, finendo per averne uno più grande in futuro che non saprà gestire.

È un po' quello che successe quando il primo ministro inglese Neville Chamberlain firmò ogni tipo di trattato con Hitler: per usare le parole del suo avversario, Winston Churchill, poteva scegliere tra disonore e guerra, scelse il primo e ottenne comunque la seconda.

La personalità passiva reputa la risoluzione del problema sul lungo termine troppo faticosa o dispendiosa e fuori portata; per usare di nuovo con attenzione lo studio dei verbi, l'individuo infantile passivo dice a sé stesso che "**non può**".

Tale frustrazione prima o poi scoppierà, spesso lasciando interdetti coloro che hanno costretto la persona in questo ruolo.

Non lasciarti intenerire troppo: spesso, la comunicazione passiva è colma di forme sinuose e subdole con cui cercare di veicolare la volontà inespressa, al fine di ribaltare la situazione.

Non ti puoi fidare di una persona che si comporta in modo passivo perché, in buona sostanza, non sai se lo sta facendo perché non ha alternative e se quindi, in altre condizioni, non sarebbe affatto supportivo.

Il carattere passivo e infantile mal tollera di essere considerato responsabile di qualcosa, cerca attenuanti o indica "chi fa peggio di lui" quando non trova altre argomentazioni e la sua comunicazione è condizionata e veicolata da queste convinzioni.

Quindi, la personalità passiva non è sicura di sé a causa di una conversazione interna che riprende gli ammonimenti che riceve dall'esterno in un circolo vizioso di bassa autostima e "bacchettate" verbali.

Personalità aggressiva

Se da un lato abbiamo una figura infantile pronta a scoppiare, dall'altro avremo una figura genitoriale intransigente che gli dice cosa non può fare, lo castiga, convinto di istruirlo magari in buona fede, ma lo continua a tenere in una posizione di sottomissione emotiva.

Spesso indica il verbo "**dovere**" come base centrale del comportamento sociale.

Non esiste una cosa da fare per puro piacere, l'atto coercitivo per un bene superiore vince sempre, per lui.

Anche se è incline a farsi carico di tutte le problematiche altrui (spesso senza che nessuno glielo abbia chiesto) non è altrettanto propenso ad ammettere di aver sbagliato, le sue scuse suonano sempre poco sincere.

Questo perché, reputandosi l'unica persona affidabile e matura che conosca, non ritiene gli altri all'altezza dei compiti assegnati e, in caso di fallimento, ha sempre un capro espiatorio a scaricare la responsabilità.

È una personalità genitoriale oppressiva ma non matura abbastanza da pensare a come aggiustare realmente le cose, è più importante punire i comportamenti che ritiene sbagliati piuttosto che premiare quelli giusti.

Con questo tipo di atteggiamento, ha sempre di che lamentarsi degli altri e sta sempre attendendo al varco il prossimo per metterlo all'indice.

Ascolta a fatica le motivazioni altrui ed è difficile fargli capire che può delegare le responsabilità.

Tanto tempo fa, quando facevo da tutor per degli studenti, avevo un capo che mi faceva fare letteralmente il doppio del lavoro, in quanto dovevo passare il tempo al telefono per farmi dettare le istruzioni (anche le più banali) da eseguire alla lettera, e poi dovergli far controllare il lavoro svolto.

In questo modo, la scrittura di una e-mail che poteva durare due minuti scarsi, diventava una operazione lunga anche un'ora.

La personalità aggressiva ha una grande stima di sé e una immotivatamente bassa degli altri, con molti pregiudizi che comunque la

portano a una grande sofferenza e una inclinazione al conflitto tale
da rendere difficoltosa la comunicazione.

Personalità assertiva

Molti dei problemi che abbiamo quindi sono legati al fatto di essere spesso tra l'incudine e il martello, dove uno di questi oggetti è metaforicamente la comunicazione passiva, l'altro la comunicazione aggressiva.

La comunicazione assertiva, invece si toglie completamente da quest'ottica e, smarcandosi dalle necessità psicologiche di questi due stereotipi crea un modello maturo che mira più alla risoluzione del problema.

Una personalità passiva, di fronte all'impossibilità di far fronte a qualcosa, se ne dispera perché "non può farci niente", una aggressiva si arrabbia perché "è colpa di qualcuno che deve fare qualcosa per rimediare", mentre l'assertivo, osservato il problema, capisce che ci sono due possibili modi di porsi:

1. Risolvere il problema con gli strumenti a disposizione o richiedendo assistenza a qualcuno di più qualificato; nel fare ciò, risponde come l'artigiano che, totalmente concentrato in quello che sta facendo, non ha tempo di mettere in dubbio le proprie capacità o di colpevolizzare qualcuno per eventuali difficoltà riscontrate.

   Quando un fabbro fa un cancello non si chiede se riuscirà a piegare il ferro, né accusa qualcun altro se il metallo è duro.

2. Accettare che, se il problema non si può risolvere, non è un *problema* vero e proprio, ma più che altro è un *fatto compiuto* e che contro di esso non è ragionevole combattere.

   Se mi piacesse dormire fino a tardi con le tende aperte, non potrei lamentarmi del sole che illumina la stanza.

   Passivi e aggressivi, invece, talvolta si lamentano e si arrabbiano, convinti che l'attribuzione di una responsabilità (propria o altrui) li aiuterà.

Abbracciare la filosofia di vita assertiva contribuisce a far finire questo chiacchiericcio mentale interno che spesso mina la nostra stabilità emotiva, andando ad alimentare i nostri sentimenti negativi, vivendo invece nel momento presente, là dove si trova la soluzione del problema che stiamo affrontando (per restare nell'esempio di sopra, o mi abituo a svegliarmi all'alba o chiudo le tende).

Può sembrare molto complicato ma ti assicuro che non lo è.

Il primo passo verso questo modo di vivere, privo di questi pesi emozionali e libero dalle costrizioni comunicative imposte dal binomio passivo-aggressivo, è quello di riconoscere il nostro linguaggio personale.

Hai visto già come l'analisi dei verbi può aver fatto emergere dei dati interessanti sulla tua visione di te stesso e sulla tua concezione degli altri.

Il secondo, molto importante, è capire che nella tua comunicazione devi ridurre drasticamente i riferimenti agli altri.

Va benissimo avere dei modelli di riferimento, dei maestri che possono aiutarti a esprimere concetti perché esperti di un settore, tuttavia vivere di luce riflessa altrui non migliorerà ogni aspetto della tua vita; se questo vale per le persone che rispettiamo e di cui abbiamo grande considerazione, prova a immaginare quanto sia deleterio parlare male degli altri, avere sempre pronta una critica o una lamentela.

Perciò, riserva poche parole di elogio per chi se le merita e tenta di non averne affatto per chi non ne merita.

**Le menti piccole discutono di persone,
le grandi menti discutono di idee.**

Se hai notato, le personalità aggressive e le personalità passive sono concentrate nel confronto con l'altro, ossessionate dal riscontro negativo che ne possono trarre.

Uscire dalla logica competitiva crea uno dei valori che possiamo aggiungere all'elenco già strutturato prima delle qualità assertive.

Oltre a equità, rispetto, correttezza personale, correttezza comunicativa, difesa degli interessi personali, mantenimento di uno stato di positività e resilienza, possiamo aggiungere ora un nuovo punto fondamentale: la comunicazione assertiva fa largo uso della **collaborazione**.

Lo sforzo diplomatico ripaga sempre quando si ottiene una compartecipazione verso un obbiettivo che, quando non lo è già in partenza, diviene comune a tutti i partecipanti alla discussione.

Tale sforzo è possibile (o per lo meno più agevole) quando si rispettano i principi assertivi nella loro interezza.

Esercizio sul "Dialogo Interno" e come dire di no

"Inner dialogue", "Inner Talk", "Internal Talking", "Inner speach" … si trovano tante diverse interpretazioni di questo concetto che in italiano possiamo tradurre appunto come "Dialogo interno", ed è uno dei sistemi con cui monitorare al meglio le nostre risorse, capire in che condizioni si trova il nostro ambiente interiore e, auspicabilmente, porre immediato rimedio a eventuali negatività riscontrate.

La prima volta che ne sentii parlare fu durante un corso di approfondimento per le tecniche di psicologia e comunicazione per lo sviluppo delle competenze trasversali nella costruzione della carriera.

Durante il colloquio, per esempio, ci sono dei momenti di blackout in cui alcune persone non sanno come rispondere alle domande dell'esaminatore.

I quesiti "classici", come "Dove ti vedi da qui a cinque anni?" "Cosa pensi di poter portare in questa azienda?" "In che modo la tua esperienza pregressa può esserci utile?" a volte spiazzano le persone e molti vanno nel panico.

Per superare questo momento di crisi in questo tipo di contesto ma anche in qualsiasi altro momento in cui si "va nel pallone", si deve immediatamente fare due cose:

1. Fare un respiro profondo.

    Può sembrare una banalità uscita da un manuale di Yoga, ma in realtà il sistema nervoso centrale è fortemente influenzato dall'attività dell'apparato parasimpatico e simpatico e si può indurre una "sensazione di ritorno" al cervello per sbloccarlo dalla condizione di "freeze", simile a quello che accade ai conigli quando vedono i fari venirgli addosso in una strada di campagna.

    Se ricordi quanto ti ho detto a proposito della struttura del cervello, il "freeze", il panico, nasce dall'incapacità di affrontare i processi dell'amigdala, ma può essere aggirato con la padronanza dei nervi semivolontari della respirazione.

Inducete il movimento dell'aria e rompete l'apnea a cui solitamente si va incontro quando ascoltiamo una domanda a cui non eravamo preparati, quando abbiamo o quando siamo colti alla sprovvista.

2. Chiedersi "Cosa provo", riconoscere l'eventuale condizione di paura, di panico, è il primo passo necessario a uscire dalla suddetta condizione e a fare in modo di non rimanere bloccati.
Capire di essere bloccati è il primo passo necessario a muoversi.

Il conflitto interno da panico comunicativo è una condizione strana: è un po' come se un guidatore avesse fretta di arrivare a un appuntamento pigiando l'acceleratore di una macchina col motore spento.

Il dialogo interiore richiede giusto un paio di secondi, il tempo di ossigenare meglio il corpo e la mente, e capire che si deve girare la chiave del pannello elettrico della macchina per poter partire.

Adesso, voglio che ripensi a una situazione in cui hai provato panico, in cui non hai saputo come reagire.

Ripensa alle sensazioni fisiche acute dallo stress, ripensa a cosa non riuscivi a dire, rielabora le tue intenzioni.

Quando inizi un dialogo con un fine preciso, devi seguire i seguenti passi da fare in due respiri:

- col primo respiro fai un "check" della situazione e controlli di non stare andando in apnea ma di ossigenare; conseguentemente a ciò, vedi in che modo il discorso sarebbe sviato da dove previsto;
- rielabora le informazioni in modo da ritornare al tuo obbiettivo principale senza dare troppo rilievo all'emozione appena provata (come ti ho spiegato, è solo il tuo cervello che reagisce come un muscolo fa sotto sforzo): il tuo obbiettivo è più importante della fretta di arrivarci.

Respira e ripetiti il tuo obbiettivo, possibilmente in una sola parola che concretizzi e riassuma quello che vuoi fare.

Per sfruttare le conoscenze sui verbi che abbiamo già esaminato, ricordati che "puoi farcela".

Respira e ripetiti "posso rispondere", "posso fare questa conversazione", "posso fare quello che mi viene chiesto".

Questo punto è fondamentale quando si vuole **rispondere in maniera negativa** a qualcuno ma abbiamo paura delle conseguenze.

Non solo la comunicazione assertiva propone di rispettare i propri diritti, tra cui quello di rifiutarsi di fare qualcosa di negativo per sé, ma nel confrontarci con la nostra paura da un punto di vista interno come con l'inner dialogue, riusciamo a capire che in ogni caso è meglio affrontare la conseguenza di un rifiuto pacato ma fermo che di un "sì" detto senza pensare agli effetti su di noi.

Hai il diritto a dire "no" quando senti di doverlo fare.

Dal prossimo capitolo in poi andremo più a fondo, scoprendo i tre strumenti emotivi che già possedevi ma nessuno ti aveva spiegato come usarli.

Capitolo 3

CONDIVIDERE LE EMOZIONI

Cerchiamo ora di ricapitolare quanto serve prima di proseguire.
Ora conosci le principali scoperte scientifiche relative ai processi di reazione psicologica insiti nella comunicazione.
Cause ambientali e "bug di sistema" della nostra coscienza a volte ci impediscono di comunicare come vorremmo, costringendoci a un comportamento passivo o aggressivo, impedendoci di prendere decisioni con maturità.
La "cura" alle nostre difficoltà sociali ed espressive risiede in un atteggiamento assertivo che usa la comunicazione interna per seminare nuovi atteggiamenti propositivi e funzionali.
Questo atteggiamento è migliorabile facendo appello alla nostra intelligenza emotiva.
Di seguito, scopriamo come le tre qualità emotive che ci accomunano in quanto umanità siano utili allo scopo di creare una personalità assertiva.
Empatia, simpatia e **compassione** vengono spesso ritenuti, a torto, come termini sinonimi l'uno dell'altro.
Facciamo chiarezza su cosa sono e come usarli a nostro vantaggio.

Empatia

Tante volte, entrando in una stanza dove nessuno sta dicendo niente, cogliamo dei segnali di stress; si dice proverbialmente che talvolta "l'aria è pesante", "la tensione si può tagliare col coltello" e così via.

Parimenti, se una persona che conosciamo bene ha avuto una giornata storta o se ha litigato con qualcun altro glielo leggiamo in faccia anche se tenta di nascondercelo.

Non è un superpotere e non è ciarlataneria: si tratta solo di empatia, uno strumento evolutivo con cui rinsaldare i rapporti tra simili.

Tutti noi abbiamo la capacità di percepire lo stato d'animo degli altri, basterà osservarli per un tempo sufficiente a far emergere i loro pensieri.

È possibile pensare a questa condizione come alla compartecipazione spontanea alle emozioni altrui.

Non sempre è un vantaggio e può "trarre in inganno" perché, pur sentendo vividamente quello che stanno provando gli altri, non è detto che questi siano intenzionati a parlare delle proprie emozioni in quel momento e tante volte negano di "avere un problema", per esempio, e anche se non mascherano i propri sentimenti preferiscono "sbollire" o "farsela passare".

Rispetta sempre la volontà altrui, a meno che l'atteggiamento negativo non si volga contro di te con la scusa di avere altri grilli per la testa di cui non sei tu il responsabile.

L'empatia non deve neanche sconvolgere i nostri piani o le nostre preferenze: molto spesso viene descritta come un "dovere", soprattutto se si ricoprono certi ruoli; gli individui con una personalità infantile e passiva "pretendono" che noi sentiamo quello che loro sentono e che orientiamo le nostre scelte allineandoci con i loro sentimenti.

Molto spesso, nelle relazioni, si tende a credere che un certo sentimento sia fluido e immediatamente condiviso dalla persona vicina, mentre invece non è assolutamente detto che un certo evento sconvolga o rallegri gli altri in egual misura.

In breve, provare quello che prova la persona di fronte a noi non rende la sua reazione immediatamente "valida" tanto da giustificarne il comportamento e, **nello spirito proprio dell'assertività, dobbiamo preservare eguaglianza e il diritto a stare bene** senza che le emozioni altrui (o neanche le nostre) diventino uno strumento di prevaricazione.

Simpatia

Per farti un esempio di come la "simpatia", ovvero "provare la stessa emozione", sia molto importante nella nostra società (e generalmente lo è di più per le culture mediterranee, e meno per quelle nordiche e continentali) tanto da essere enormemente sopravvalutata, ci sono persone che arrivano a litigare aspramente con gli amici o con il partner se questi non provano le stesse emozioni di fronte a un certo oggetto o evento a cui il soggetto dà un certo valore.
"Ma come fa a non piacerti questo piatto, a me piace!"
"Non può non piacerti questo film, è il mio preferito!"
"Come mai non hai riso a questa battuta?"
e così via, includendo correnti politiche, squadre di calcio, credenze religiose, bevande, mete turistiche…
Nella nostra società si dà molta importanza alle affinità, tanto che, nella loro comunicazione, i politici ostentano scelte personali che richiamino a quelle dei potenziali elettori.
Il meccanismo è quello per cui siamo tratti in inganno da una porzione delle nostre sinapsi che tendono a copiare i comportamenti umani.
Per una forma di sillogismo semplicistico, se io ho una preferenza (ad esempio, mi piace la pizza), e mi piace anche una certa persona (esprimendo quindi una propensione nei suoi confronti), proietto su quella persona il mio intero sistema di preferenze e aspettative e ritengo scontato che anche quella persona abbia le mie simpatie in quanto essa rientra nell'insieme delle suddette predilezioni; cosa accade se la persona verso cui ho simpatia mi dice "no, non vengo a mangiare una pizza con te?".
La maggioranza delle persone, a questo punto, si sente tradita in un modo che non riesce a rielaborare logicamente.
Se il rifiuto è dovuto alla proposta della pizza in sé, si ritiene la persona meno degna di fiducia perché manca di quella componente che gli era già stata attribuita arbitrariamente; se il rifiuto invece riguarda la persona e la simpatia non è ricambiata, si sfocia in un conflitto.

A nessuno piace ricevere un rifiuto, tale condizione viene rielaborata non a caso proprio nella sede cerebrale del dolore.

Tuttavia, la simpatia ricopre un ruolo fondamentale nella nostra concezione dei gruppi sociali, per lo meno nella nostra cultura è così: tendiamo a dare credito e fiducia non alla persona che dimostra più valore ma a quella che ci sembra condivida di più alcune nostre preferenze.

Tante volte questo atteggiamento crea pregiudizi sul lavoro, sulle amicizie e sui rapporti sentimentali: si può facilmente simulare la simpatia, ma non per un lungo periodo di tempo.

Quando poi "cala la maschera", ci si ritrova a dover dividere il proprio tempo e i propri spazi con qualcuno che, magari, aveva bisogno di noi ma non è capace di ricambiare l'impegno relazionale o professionale.

Al fine di mantenere uno spirito assertivo, nel valutare le relazioni che si possono intraprendere, si deve capire la differenza tra una simpatia indotta da affinità che però non sostiene interamente lo sforzo necessario a un certo obbiettivo, e la simpatia genuina verso qualcuno che condivide i valori fondamentali necessari a quello sforzo.

Per fare degli esempi pratici: non sempre la persona più divertente è quella a cui affidarsi nel momento delle difficoltà, la persona più sensuale non è detto che possa essere il partner migliore per una relazione a lungo termine, a parità di convenienza tra due professionisti a cui chiediamo un preventivo, non è detto che quello che tifa la nostra stessa squadra sia quello più capace.

Prova a ripensare a quando qualcuno ti ha abbindolato con una proposta basata su contenuti che esulavano completamente dall'oggetto in discussione o se hai mai evitato una sonora fregatura (un affare come una relazione) perché hai capito che oltre alla simpatia che ti veniva servita non c'era correttezza d'intenti.

Ricorda: nell'assertività cerchiamo di mantenere il più possibile fede all'integrità e alla correttezza.

Compassione

Questa qualità viene spesso confusa con le due precedenti, ma in realtà è propriamente quella più funzionale e assertiva.
È compassionevole il medico che percepisce il disagio del paziente, così come lo è il benefattore che aiuta il prossimo non per propria gloria personale ma per spirito di solidarietà, così come l'amico leale e la compagna di vita sono legate dalla compassione verso la persona cara con cui condividere la gioia e la cattiva sorte.
La compassione è la capacità di un individuo di comprendere che nella grande e intricata tela dell'interconnessione degli eventi per cui tutti siamo "vittime dell'effetto farfalla", ciascuno di noi ha un movente per fare quello che fa, una causa precedente, per cui nessuno agisce per puro impulso malvagio o distruttivo ma perché mosso da condizionamenti e pregiudizi.
Questo non vuol dire "giustificare le azioni negative a tutti i costi", quanto piuttosto comprendere la natura dei sentimenti altrui e delle loro motivazioni; che poi si decida di comparteciparvi emotivamente per empatia o per simpatia, è un altro discorso.
Empatia e simpatia sono legate più che altro a quei sentimenti e quegli impulsi propri delle dinamiche spontanee e innate; sono altresì veicolati molte volte da necessità infantili-passive o genitoriali-aggressive.
La compassione, d'altro canto, viene raffinata da motivazioni più adulte e presuppone la capacità di andare oltre l'emozione in sé, contemplando allo stesso tempo una soluzione ai problemi che hanno scatenato le reazioni emotive.
Attraverso una contemplazione compassionevole della situazione possiamo ritrovarci più facilmente nella condizione di riaffermare i principi alla base dell'assertività e rispondere di conseguenza, utilizzando una comunicazione né passiva né aggressiva ma matura e concentrata.

Sotto la superficie

Abbiamo finito la nostra parte più "teorica" e abbiamo potuto guardare più in profondità cosa si cela dietro i meccanismi psicologici che, talvolta, ci mettono i bastoni tra le ruote e ci impediscono di dire senza problemi quello che proviamo.
Siamo vincolati da una parte da convinzioni di carattere sociale per cui ci si aspetta che una persona "buona" ed "educata" metta al centro della propria attenzione le emozioni dell'altro (talvolta andando contro i propri interessi), mentre dall'altra parte esiste una componente fisiologica-meccanicistica che blocca le energie fisiche per rispondere con calma e sicurezza quando siamo sotto stress.

Abbiamo difficoltà a vivere in maniera assertiva perché intorno a noi non siamo abituati a vedere questo tipo di valori concretizzarsi e dentro di noi abbiamo paura di esporre le nostre necessità.

E va benissimo, siamo umani, ma ciò non toglie che, una volta compresi questi punti salienti, non possiamo elevarci oltre le nostre funzioni biologiche e le nostre paure ancestrali.
Il cervello che hai nella scatola cranica è lo stesso che ha permesso alla nostra specie di mandare un razzo sulla luna con alcuni dei nostri simili a bordo, è la stessa macchina pensante che ha composto le opere di Shakespeare e che ha teorizzato e realizzato una cosa complessa e stupefacente come l'intervento di trapianto cardiaco.
Perciò, oltre alle criticità che comporta tale complessità, veniamo ora alle sue grandi capacità e scopriamo come, anche dentro di te, si celi un magnifico comunicatore assertivo.
Concludiamo questa parte sull'introspezione e sulla comunicazione interna con un piccolo esercizio utile a calmare l'animo quando ti senti agitato.

Esercizio per contrastare l'agitazione

Colgo l'occasione per darti un consiglio, prima di iniziare questo esercizio.

In commercio troverai tanti testi interessanti su come calmare la mente durante le fasi critiche di una giornata impegnativa, come affrontare lo stress lavorativo, perfino come reagire durante fatti gravi come una separazione o un lutto; quello che "non mi va giù" è che ci sia un business, anche abbastanza redditizio, di libri che consigliano di prendere degli impegni seri con la propria stabilità emotiva, dando tantissimi input ridondanti ma che riducono la parte pratica a frasi come "ti consiglio di meditare", "medita una volta al giorno"; meditare non è una cosa semplice, una definizione adatta meriterebbe uno studio molto lungo, monaci tibetani e guru indiani dedicano la loro vita ad affinare delle pratiche solo dopo anni di ricerca.

Perciò, non voglio ridurre delle pratiche serie al livello di un tutorial gratuito su internet.

Invece, voglio che ti applichi con serietà alle attività già proposte e che ti impegni anche in quella che ti sto per proporre: considerala alla stregua di un **"antidoto contro l'agitazione"**.

Per prima cosa, non dovrai metterti in una posizione specifica né imparare qualche strana frase da ripetere a occhi chiusi davanti all'incenso.

In qualunque occasione, che tu sia sul tram o dietro la tua scrivania, al telefono o davanti al tuo capo, puoi respirare e richiamare a te il dialogo interno.

Lo step successivo è quello di veicolare il dialogo interno in modo da condizionare profondamente la tua reazione.

Perciò, segui lo schema di respirazione e ripeti dentro di te (non c'è bisogno che verbalizzi il testo):

Inspirando: "Io controllo"
Espirando: "Le mie risposte"

Inspirando: "Io controllo"
Espirando: "La mia voce"

Inspirando: "Io controllo"
Espirando: "La mia comunicazione"

È tanto semplice quanto efficace.

Puoi anche provare a creare il tuo set di frasi per l'esercizio del "l'antidoto all'agitazione", personalizzando i messaggi che vuoi seminare.

Trova il tempo di ripeterle di tanto in tanto e, se vuoi ottimizzare i risultati, prova a cambiare il contenuto una volta a settimana, tenendo conto dei progressi fatti e delle tempistiche in cui usare queste frasi.

Fai anche un controllo del tuo umore dopo l'esercizio e non sorprenderti troppo se ti sentirai cambiato.

PARTE 2

LA COMUNICAZIONE FUORI DI NOI

Conclusa la parte più introspettiva di questo percorso che ci è servita a costruire un atteggiamento assertivo interiore, possiamo ora pensare a come proiettare all'esterno tale insieme di valori e capire come la comunicazione vincente parta da una buona base.

Per fare ciò, occorre costruire una immagine di sé vincente e sicura che ti accompagni quando ne sentirai la necessità.

Nel capitolo precedente abbiamo visto come possiamo creare un dialogo interiore costruttivo, accompagnato da una respirazione controllata, per edificare questa immagine positiva.

Ogni volta che ti rendi conto di stare montando dentro di te delle immagini negative, ogni volta che ti ricordi di quell'esperienza negativa che credi ti abbia segnato in certo modo, ogni volta che hai paura di sfigurare di fronte all'interlocutore, hai già a disposizione uno strumento tanto semplice quanto efficace.

Non esistono "formule magiche" che faranno sparire tutta l'ansia e la timidezza in un giorno, ma posso garantirti che questo sistema ti sembrerà davvero magico se gli darai la giusta considerazione e importanza, utilizzandolo con un po' di disciplina.

Attraverso la visualizzazione puoi puntellare questa immagine interna utilizzando il mezzo visivo, molto potente soprattutto al fine di fissare nella memoria dei particolari ed è quello che faremo nel nostro prossimo esercizio.

Esercizio di visualizzazione

Come **esercizio di riscaldamento** e che riprende "l'antidoto all'agitazione" assertivo, voglio che ti ricordi di un momento in cui ti sei sentito privo di forza, debole, insicuro.

A questo punto, quando senti che la sensazione sgradevole di quel momento si sta avvicinando, immagina quel momento di debolezza come se fosse una foto; lascia che il colore si sbiadisca, visualizzala mentre si rimpicciolisce con la tua volontà e infine, visualizzala mentre brucia.

Non basta pensare che una cosa "sparisca" perché automaticamente la nostra vita vada meglio.

Perciò, per contrastare completamente questo senso di disagio, visualizzati ora vincente, inspira e vedi i colori più vividi, la fotografia si ingrandisce fino a coprire tutto il campo visivo: sei sorridente, stai celebrando quella vittoria che hai avuto in passato o che stai aspettando in futuro.

Immagina la sensazione del vestito che hai scelto per quell'occasione, senti il profumo invitante che più ti piace riempirti le narici. Sei nel tuo trionfo.

Associa questa immagine ai momenti in cui ti sei sentito in difficoltà e hai subito messo a tacere la voce critica o l'immagine negativa di te stesso, sostituendo invece un dialogo positivo e una immagine vincente.

Quello che devi capire, adesso, è che anche gli altri possono vederti in questo modo. Questa immagine interiore diventerà esteriore.

Capitolo 4

COSA RECEPISCONO GLI ALTRI

Un famoso studio, più volte confermato nel corso degli anni, mostra come nella comunicazione solo un'esigua parte dell'enunciato arrivi all'interlocutore.

Se ti stai chiedendo quanto poco siano rilevanti le parole in sé, sappi che meno del venti percento di quello che dici costituisce la totalità del tuo messaggio.

La comunicazione è fatta per circa il 50% di elementi non verbali quali postura, gestualità, vestiario, sguardo, e del 30% circa di elementi paraverbali come tono, volume della voce, cadenza, accento, velocità nel parlare, capacità di scandire le sillabe.

"Cosa" diciamo sembra meno interessante di tutto questo.

Per essere **comunicatori assertivi efficaci**, non possiamo assolutamente esimerci dal comprendere il potenziale che sta oltre il **significato** di ciò che diciamo, ma preoccuparci anche della **forma** in cui l'interlocutore riceve il nostro enunciato.

Ripensando ora all'esercizio di visualizzazione in cui costruire una figura positiva di se stessi, devo per forza chiederti quanto tu ti senta vicino a quell'immagine e cosa ti impedisca di essere così ogni giorno della tua vita.

Prima che tu mi dica che non è possibile, ti devo contraddire e ti posso anche assicurare che non si tratta di un'utopia, ma di uno scenario possibile in cui occuparsi di cose più grandi.

Scommetto che, a ben pensarci, l'unico motivo per cui hai difficoltà ad avere quell'aspetto ogni giorno, alla fine, **sei tu**.

Non cedere all'istinto vittimistico del profilo infantile-passivo né a quello accusatorio genitoriale aggressivo in cui cercare un capro espiatorio esterno: sii adulto e prenditi la tua parte di responsabilità[4].

Sei tu l'unico incaricato che può far in modo che anche gli altri ti
vedano come desidereresti essere visto.

Ad alcuni questo scenario fa paura, e in questo caso hai già gli
strumenti per contrastare le emozioni che bloccano; in realtà, questa è un'ottima notizia:

**significa che hai nelle tue mani
il potere di cambiare.**

Chiarito questo punto, vediamo anche come attuare delle strategie
pratiche che coinvolgono non più la comunicazione solo interna,
ma da e verso gli altri.

Ti sei mai chiesto se hai un atteggiamento che, inconsapevolmente,
ti crea difficoltà nella comunicazione?

Hai mai pensato di ricevere un segnale positivo e invece avevi mal
interpretato le reali intenzioni dell'interlocutore?

Senti di avere difficoltà a muovere il corpo o ti senti a disagio con
la tua gestualità quando sei in pubblico?

Hai la sensazione di respirare troppo forte quando sei in una sala
silenziosa con altre persone o mentre cammini in una strada trafficata?

Non ti preoccupare, sono tutte cose normalissime.

O meglio, sono cose che vanno normalizzate grazie a un po' di conoscenza del potere della comunicazione non verbale.

---

[4] A meno di non esser stato vittima di una situazione border-line di stampo
criminale, in questo caso puoi ritenere i colpevoli responsabili di alcune tue
difficoltà, ma anche così farai bene ad adoperarti al fine di ottenere maturità e
autonomia emotiva.

La comunicazione non verbale

Il nostro corpo, al pari del nostro cervello, è una macchina molto complessa.

Gli organi interni stanno lavorando continuamente per il mantenimento dell'omeostasi e, a livello cellulare e molecolare, ci sono migliaia di operazioni in corso ogni istante, e tutto questo avviene per lo più senza che ce ne rendiamo quasi conto.

Quando ci interfacciamo con gli altri accade però che il nostro cervello utilizzi dei riflessi, per lo più incondizionati e innati, che manifestano elementi elaborati dall'inconscio.

Per quanto possa suonare bizzarro, la parte nascosta della nostra coscienza "fa capolino" nella nostra comunicazione rivelando se siamo nervosi, se stiamo mentendo o se proviamo certe emozioni prendendo le redini del nostro sistema nervoso, anche se in maniera quasi impercettibile e per poche frazioni di secondo.

Tuttavia, queste espressioni sono rilevate dal nostro sistema visivo e, soprattutto, da quello del nostro interlocutore.

E qui troviamo già una grande importante lezione:

non mentire mai.

Non lo dico solo per una motivazione di tipo etico o morale, ma anche perché prima o poi la menzogna si ritorce contro di te.

E lo fa già quando provi a pronunciarla, dandoti segnali che ostacoleranno la tua comunicazione.

Troverai ogni possibile indizio più avanti.

Le mani

Le mani sono uno degli strumenti che più ci contraddistingue nel regno animale e che definisce le relazioni tra la nostra mente individuale e l'ambiente che ci circonda.
Non c'è da stupirsi se partecipano anche nella nostra conversazione e, talvolta, nell'espressione delle nostre insicurezze.
Così come costruiamo strumenti dall'alba dei tempi grazie a queste terminazioni sensibili, in modo altrettanto ordinato costruiamo le nostre argomentazioni in maniera visibile a chi ci sta intorno.
In realtà, gorilla, scimpanzè, bonobo e oranghi esprimono molte delle loro emozioni primordiali usando la fisicità e afferrando e scuotendo oggetti, e tutti i primati sembra siano in grado di apprendere il linguaggio dei segni e persino di riadattare dei termini gestuali per i propri bisogni.
Noi italiani, del resto, siamo considerati "maestri" (nostro malgrado) dell'arte di gesticolare, ma all'infuori delle facili ironie di cui siamo oggetto, in realtà tutte le culture hanno un proprio codice di comunicazione attraverso il movimento di dita e mani.
Semmai, bisognerebbe fare attenzione a non confondere certi gesti per noi innocenti e che presso altre popolazioni sono invece minacce, insulti o perfino oscenità; ad esempio, il "pollice in su" presso alcune popolazioni non è un gesto di approvazione ma è un invito volgare, così come la posizione della mano aperta con indice e pollice uniti, in molti paesi orientali, è un gesto osceno e non un modo di dire "ok".
In Grecia è sconsigliabile invitare alla calma col gesto della mano aperta col palmo rivolto verso l'interlocutore così come si potrebbe mal interpretare un giapponese che, con la mano davanti al viso, non sta invitando a fare silenzio ma sta dimostrando ringraziando con un segno che denota pudore e umiltà.

Cerchiamo ora di capire quali sono i significati "nascosti" e non culturalmente rilevanti della gestualità istintiva umana.

- Mano aperta con braccio e polso rilassato, dita "morbide": l'interlocutore ci mostra la mano vuota, segno di pace e disponibilità al dialogo;
- Mano aperta con braccio e gomito teso, polso piegato con le dita dritte e aperte: segno di difesa, una "ritirata strategica" per mettere spazio fra sé e gli altri a indicare di stare provando disagio o paura;
- Mano aperta col taglio esterno rivolto verso l'interlocutore: avviso, sottolineare l'enunciato (se all'altezza del collo o del viso di chi parla), minaccia (se all'altezza degli occhi o più in alto);
- "Dita a pigna", le punte dei polpastrelli sono congiunte insieme e, normalmente, indicano disaccordo e disappunto;
- Indice alzato o indice e pollice stretti insieme come a stringere una bacchetta o una matita: si sta "insegnando qualcosa", gesto molto familiare per chi ha una personalità genitoriale aggressiva che deve imporre il proprio punto di vista. Può essere sintetizzato con "le cose sono così come dico io e farai bene ad allinearti con questo pensiero";
- Pugno chiuso verso l'interlocutore: minaccia, anche se espresso per poco tempo indica un momento di nervosismo, un riflesso incondizionato per una certa parola o un'affermazione che ha indotto la persona a reprimere una risposta forte;
- Pugno chiuso che poi apre la mano energeticamente: enfasi, richiama l'immagine di un fiore che si schiude o di un gioco pirotecnico, un "effetto speciale" per sottolineare lo stupore che si vorrebbe trasmettere;
- Pugno chiuso con le nocche rivolte verso l'alto, le dita e il pollice verso la persona che fa il gesto: forza, incoraggiamento, giubilo, entusiasmo, successo;
- Mani che artigliano (anche solo per un momento) e che volendo poi si chiudono a pugno: aggressività, violenza.
  Se la persona con cui parliamo si esprime con questo gesto sta provando queste emozioni, a dispetto del resto del suo

atteggiamento che può sembrare pacifico.
- Mani che picchiettano, tamburellano, sfregano insistentemente una superficie: nervosismo, si vuole passare rapidamente oltre l'argomento in esame;
- Mani giunte: preghiera, ma anche appello alla pazienza e alla razionalità, sia per chi sta parlando che per l'ascoltatore;
- Mani giunte con le dita intrecciate tra loro: vivido interesse, ma se i pollici picchiettano tra loro potrebbe essere un segnale di velato nervosismo positivo, un incoraggiamento per dire "arriva al punto, ci sei quasi".
  Se però interviene un moto di energia "eccessiva" nella stretta tra le dita indica nervosismo e rabbia repressa col gesto di stritolare;
- Mani sovrapposte una sull'altra: interesse, rilassamento, sia che i palmi siano in contatto con le dita che indicano angoli diversi, sia che un palmo sia in contatto con il dorso dell'altra mano.

C'è poi un corollario di gesti specifici tecnici, modi per mimare delle operazioni precise come "passare sopra", "entrare", "afferrare", "tirare" sia in modo letterale che in maniera metaforica e simbolica.

Il consiglio, quando si osservano queste indicazioni volontarie, è di vedere se si riconoscono degli elementi come sopra descritti: sarà piuttosto facile riconoscere una buona e paziente disposizione d'animo da un nervosismo agitato e poco collaborativo.

Il viso

Il viso, con una cinquantina di muscoli che intervengono nei suoi movimenti, rispecchia fedelmente le vere intenzioni della persona che parla.

Bisogna studiare attivamente le espressioni facciali perché da sole dicono spesso molto di più di quanto vorrebbe fare la persona che abbiamo di fronte.

Fermo restando che ci sono due modalità basilari verso cui si orienta l'espressione neutrale (avversione e attrazione), ci sono una gran quantità di sfumature che utilizzano per lo più i muscoli della parte superiore (interessando per lo più la parte relativa agli occhi e la muscolatura intorno a essi) e la parte inferiore della faccia (concentrando l'energia sul lavoro delle labbra e, di riflesso, sui muscoli di mandibola e zigomi).

Altri due fattori fondamentali da tenere in considerazione sono l'espressione di quiete, neutra, in cui non si rilevano irrigidimenti di sorta, e la comparsa di reazioni nervose per cui più una certa emozione sarà potente più noteremo contrazioni muscolari.

Guardando i dipinti o le statue, noteremo che l'espressione dei beati e di chi ha raggiunto la pace non costringe i muscoli a svolgere molto lavoro, mentre i soggetti che mostrano terrore e orrore sembrano avere i tratti somatici completamente sconvolti e ogni fibra sembra percorsa da energia, con la comparsa di rughe, pieghe e contrazioni visibili.

Occhi

Qualcuno ancora oggi si intestardisce a definirli poeticamente come "lo specchio dell'anima"; gli occhi sono una macchina complessissima all'interno di una struttura già di per sé molto complicata: sono una lente che mette a fuoco le immagini, sono muscoli che fanno ruotare il bulbo oculare, sono terminazioni nervose connesse direttamente alla corteccia e fanno effettivamente parte del sistema nervoso centrale oltre che essere un organo di senso.
Uno sguardo troppo intenso può avere diversi significati, non per forza negativi.
Sfatiamo subito il mito che chi mente non guarda negli occhi l'interlocutore, anche se siamo abituati alle personalità genitoriali-aggressive che, convinte di essere autorevolmente infallibili, dicono cose come "guardami negli occhi e dimmi di nuovo quello che hai detto!", come se ci fosse una regola magica a disposizione di chi teme di essere vittima di una menzogna: chi mente spesso guarda insistentemente proprio per assicurarsi che la propria bugia stia avendo l'effetto sperato venendo creduta.
In generale, ricorda che le pupille e le palpebre si dilatano per eccitazione, effetto dovuto all'attrazione o alla paura.

Lo sguardo nello spazio

Per rivelare se una persona sta mentendo non c'è niente di meglio che controllare dove si indirizzano gli occhi mentre parla.

A causa della struttura del cervello, la persona guarda verso destra quando usa la parte creativa della materia grigia, mentre fa appello alla parte razionale quando rievoca gli eventi vissuti realmente e, di conseguenza, il suo sguardo andrà verso sinistra.

Puoi allenarti facilmente osservando le persone che hai davanti e descrivendo idealmente un ottagono intorno al loro viso, per cui avrai il seguente schema:

- Chi guarda in basso a destra sta inventando o simulando una sensazione tattile, olfattiva o gustativa;
- Chi guarda a destra sta mentendo circa un suono, una parola o un rumore;
- Chi guarda in alto a destra sta probabilmente mentendo riguardo un'immagine che in realtà non è reale;
- Chi guarda in basso a sinistra sta ripescando una sensazione sensoriale che riguarda il tatto, l'olfatto o il gusto;
- Chi guarda a sinistra sta ricordando una nota, una melodia, un discorso o un enunciato sentito realmente;
- Chi guarda in alto a sinistra sta tentando di ricordare i dettagli di uno stimolo visivo vissuto;
- Chi guarda in alto sta esprimendo insofferenza, incredulità o impazienza, generalmente sentendosi personalmente coinvolto in quanto è turbato;
- Chi guarda in basso sta evitando il contatto e cerca di sottrarsi al discorso.

Per provare ad esercitarsi in questo tipo di riconoscimento, chiedete a qualcuno che conoscete di rispondere a caso in modo veritiero e falso a delle domande come "la sciarpa che indossi d'inverno pizzica"; "la tua macchina è rossa"; "la mia canzone preferita è…" e così via.

La bocca

Si deve guardare come l'altro parla, oltre che tentare di indovinarne le emozioni in reazione alle parole che sta sentendo.

Alcuni termini, non importa da che bocca arrivino, indurranno delle reazioni nervose, talvolta molto brevi, ma significative a seconda del contesto.

Esprimere disgusto mentre si loda (a parole) qualcuno può essere un segnale di incongruenza che può valere la pena di essere indagato più avanti nel discorso.

L'intero apparato di osservazione può concentrarsi ora sulle labbra: non c'è molto da aggiungere.

Se si stringono stanno letteralmente trattenendo una parola, quindi probabilmente "combattono" perché il disappunto o il disgusto (come quello di chi non vuol assaggiare una cosa che non gli piace) non sia palesato.

Se puntano verso il basso denotano insoddisfazione, se gli angoli vanno verso l'alto sorridono ma, attenzione, senza la comparsa di rughe di espressione intorno agli occhi il sorriso è insincero.

La bocca aperta indica stupore, mentre il movimento del solo labbro superiore indica disgusto o rabbia.

Un solo angolo che si contrae verso l'alto fa il cosiddetto "ghigno", un'espressione di autocompiacimento nella disgrazia altrui, come a dire "ben gli sta!"

Mani sul viso

L'interazione tra dita e altri organi di senso quali occhi, labbra, orecchie e naso ci forniscono diverse informazioni sullo stato emotivo della persona con cui parliamo.
Portare l'indice alle labbra può indicare attenzione a quanto detto, ma può essere anche un riflesso per "zittirsi" in attesa di poter dire quello che si vorrebbe.
Se qualcuno si mette una mano proprio davanti alla bocca potrebbe essere sconvolto, ma se non tradisce emozioni con gli occhi sta solo aspettando di dire la sua.
Toccarsi la testa indica sconcertamento, perplessità, mentre strofinare un lobo indica disagio, la volontà di "dare una tirata d'orecchie" o il rievocarne una perché si teme di essere ripresi.
Molto importante tra tutti questi gesti complessi, il toccarsi il naso. C'era qualcosa di vero nella favola di Pinocchio, anche se il naso non si allunga, le narici contengono tessuto erettile che si irrita quando siamo agitati: chi mente sente spesso prudere il naso ed è portato a toccarlo, magari guardando verso destra…

La postura

È facile intuire che una condizione di chiusura o di apertura (sottolineata magari dal fatto di incrociare platealmente le braccia e/o le gambe) possono predisporre a un certo atteggiamento, ma spesso ci si focalizza sul contenuto del discorso (cosa normalissima) e ci si dimentica di osservare cosa ne pensa il corpo dell'interlocutore, anche se questi magari ci dà ragione.

Non "accontentiamoci" di quanto viene detto e cerchiamo di capire come mai le spalle dell'altro sono incurvate: è stanco o è demotivato da quanto detto finora?

La postura asimmetrica può riprendere quanto detto prima sullo sguardo, andando cioè a sottolineare la discordanza con l'affermazione sulla base dell'inclinazione del proprio asse: se mi butto verso destra sto in realtà pensando ad altro o sto dicendo qualcosa di cui non sono convinto.

Arretrare è un altro palese sintomo di disagio, indica una ritirata strategica perché si ha appena detto qualcosa di non vero o di cui non si è convinti.

Se il corpo è orientato verso l'interlocutore generalmente mostra una buona predisposizione, la quale potrebbe essere fuori luogo o eccessiva se accompagnata da un'espressione "troppo rilassata" con il busto lievemente indietro, anche e gambe aperte verso l'altro: durante un colloquio formale o un incontro di lavoro, tale postura potrebbe essere scambiata per un invito con scopi sessuali o di dominio.

Se invece si sposta il corpo di quarantacinque gradi o più verso un'altra direzione, si sta facendo fatica a tollerare la presenza dell'altro.

Attenzione: le persone con cui si è molto in confidenza potrebbero avere segnali di postura misti e talvolta apparentemente contrastanti perché, in presenza di qualcuno con cui si "abbassano le difese" si può cedere a comportamenti meno vigili.

Se il tuo partner ti sta a fianco non c'è nulla di strano, se ti dà solo le spalle quando gli parli può essere indice di un problema.

I piedi

Se i piedi sono orientati verso l'interlocutore sottolineano l'interesse provato.
Se si è fianco a fianco e si allineano nella stessa direzione naturalmente può essere un buon segno.
Quando invece una persona punta i piedi verso la porta o verso una "via di fuga", quando li tiene stretti tra loro, non è un buon segnale e c'è palesemente del disagio.

I colori

Ovviamente non siamo dei camaleonti e non possiamo cambiare colore per indurre sensazioni negli altri.
Tuttavia, alcuni elementi cromatici possono indicarci alcune propensioni caratteriali dell'altro, se notiamo per esempio con quale colore si veste più volentieri o se ha una predilezione in qualche contesto interessante per una tonalità precisa.
Vediamo come vengono usate le diverse sfumature in ambito di marketing e, se possiamo programmare una nostra comunicazione, magari per iscritto, possiamo tenere conto di questi elementi non verbali per sottolineare un contenuto.

- Rosso: legato alla vitalità, energia irruenta, ma anche pericolo e rischio, "sapori forti" e "brivido caldo" di una vita spericolata che richiama i toni sanguigni, il vino, le auto sportive.
- Giallo: energia positiva, nutrimento e prosperità, colore del grano e dell'oro, un invito a vivere una vita migliore.
- Arancione: giovinezza, entusiasmo, capacità di fare grandi cose e di spendere molta energia personale.
- Verde: colore pacifico, legato ai temi ambientali, al vivere sano, la quiete naturale; insieme al blu rappresenta i colori dell'ambiente (alberi e cielo o piante e oceano) che rilassano la vista.
- Blu: colore calmante (tanto da essere usato negli ospedali)

propone sobrietà e serietà.

- Viola: colore lussuoso, esprime femminilità, ricerca di dettagli estetici piacevoli (come nel marketing che lo impiega per prodotti di bellezza).
- Bianco: colore puro, luminoso, il colore della neve e dell'abito da sposa, del latte e del sale, implica potenzialità in attesa di essere espresse come il foglio o la tela del pittore.
- Marrone: richiama il legno e la sobrietà della vita rurale (il meno piacevole per il pubblico femminile, stando a una ricerca).
- Nero: sobrio ma lussuoso, elegante e tenebroso, il nero "si abbina con tutto" ed è l'indispensabile controparte della luminosità del bianco.
- Rosa: colore fanciullesco e femminile, evoca infantilismo "programmato", delicatezza, civetteria.

La prossemica

Lo studio di come le persone si dispongono in uno spazio ci è molto utile nel capire la loro personalità ma soprattutto la loro disposizione d'animo nei nostri confronti.

Se guardiamo la sala d'attesa di uno studio medico, una fila alle poste, la disposizione di chi aspetta di prendere la metropolitana, osserviamo come tutti rispettino un codice non scritto.

La distanza tra sconosciuti che interagiscono tra loro per qualche motivo varia dai due ai tre metri e mezzo.

Solitamente tutti si orientano verso l'oggetto che li accomuna (lo sportello dell'ufficio, la porta dell'ambulatorio, l'ingresso del mezzo pubblico) e chi non lo fa viene automaticamente escluso dall'ipotetico gruppo.

In linea di massima, dovendo affrontare un ambiente in cui non si conoscono gli individui che lo riempiono, ci si colloca dove non si ritiene di avere problemi e di non crearne.

Diverso il discorso tra persone che si conoscono, il cui raggio d'azione è ridotto e va istintivamente dal metro ai due metri circa.

Fate attenzione a come si dispongono naturalmente ad una cena degli amici: per esempio, non è mai un segno distensivo quello per cui una coppia mette qualcuno tra di loro.

Le persone con cui si è molto in confidenza, parenti, amici stretti e partner, vivono nella distanza più ridotta all'individuo e non si creano "problemi" qualora dovessero violarne lo spazio vitale, mentre invece ci disturberebbe se uno sconosciuto ci si appoggiasse a fianco in un bus vuoto o se alla fila alla cassa del supermercato sentissimo la presenza (e il fiato) di quello dietro di noi.

Il contatto fisico è un problema per la nostra società, in quanto implica un grado di confidenza molto alto.

Se io, per esempio, tocco qualcuno mentre parlo, ho molto probabilmente il suo "tacito permesso" di farlo (anche se per buona educazione ciò non è consigliabile).

Fai caso anche a quei gesti come togliere un pelucco dalla giacca altrui o dare una rassettata a una manica della persona con cui qualcuno sta parlando: il messaggio sottile è "voglio che tra noi non ci

siano interferenze e voglio togliere ogni problema nella nostra interazione".
Questo atteggiamento ansioso non sempre è ben accetto, e ti consiglio di non propendere per una grande espressione fisica espansiva.

La comunicazione paraverbale

Con questo termine ci riferiamo a tutto quello che non è verbale ma neanche puramente "fisico" e sensoriale.
La sensazione che noi diamo al prossimo tramite il nostro enunciato passa anche per questa sfumatura che non è poi tanto sottile.
Il "come" diciamo le cose, oltre al contenuto, "il cosa" diciamo, e alla cornice fisica in cui ci troviamo col corpo, determina le risposte che riceviamo.
È una nozione piuttosto comune quella per cui siamo portati ad avere meno tolleranza rispetto a un tono troppo squillante e un volume troppo forte, anche se questi parametri non sono fissi e sono invece strettamente individuali, oltre che legati a fattori quali origine, età e sesso.
Si è notato, per esempio, che un tono di voce connotato da un timbro basso ma non monotono riesce ad attrarre più facilmente l'attenzione, a patto di essere modulato in modo da sottolineare eventuali passaggi chiave, tanto che tale tipo di voce viene comunemente definita "suadente".

Dizione

Una buona dizione è fondamentale in tutti quei mestieri in cui è necessario parlare, e quindi per una gran parte dei mestieri che si svolgono nel nostro paese; tale abilità, anche quando non usata professionalmente, è comunque indispensabile (a meno di non essere afoni per qualche motivo).
Saper scandire le parole correttamente è più difficile di quanto si possa pensare perché il nostro cervello, quando parliamo, "riempie i vuoti" comunicativi.
Ci sono fonemi e spazi che tante volte la nostra bocca pronuncia incorrettamente.
È buffo, se ci pensi: è come se fossimo in grado di fare "errori di battitura" con il nostro sistema vocale con cui siamo nati.
Prova a parlare per circa due minuti, se ne hai la possibilità regi-

strati mentre, per esempio, leggi un pezzo di un libro, magari proprio questo che stai leggendo in questo momento.

Noterai che in due minuti hai avuto da due a dieci "blocchi" in cui hai elaborato male delle sillabe. Le più "toste" sono quelle con più consonanti congiunte, come "gl", "gn", "rt", "sl" e "sc" perché, soprattutto quando abbiamo fretta, tendiamo a eliminare la prima consonante e pronunciamo solo l'altra; dato che il nostro cervello è in grado di capire comunque quello che stiamo dicendo in base al contesto e al resto delle parole, non ci rendiamo neanche conto di queste mancanze o di quando pronunciamo delle parole facendo delle "crasi", cioè unendole inavvertitamente tramite l'ultima vocale e la prima sillaba di una coppia di termini.

Il modo migliore di comunicare verbalmente è quello di far arrivare il proprio contenuto in modo calmo, rilassato e comprensibile, come se fosse un testo scritto inequivocabile e preciso.

Non ci sono grandi indicazioni che posso darti a parte quella di esercitarti con la pronuncia come se fosse quella di un'altra lingua e di capire, soprattutto quando sei stanco o sotto stress, che è normale avere dei piccoli difetti di pronuncia tali da "sfuggire" al radar della nostra mente.

Per metterti meglio alla prova, pensa anche che normalmente comunicherai con degli interlocutori in condizioni non sempre ottimali: ci possono essere diversi fattori di disturbo, dalla disposizione d'animo pregiudizievole di una persona poco collaborativa a fastidiosi rumori di sottofondo, oltre che tutto ciò che può essere fonte di distrazione.

Tempi comunicativi e agitazione

Il fattore tempo è fondamentale.
Per molti, una risposta "non tanto adatta" al momento giusto è meglio di una giustissima ma nel momento sbagliato.
Però, c'è chi si fa prendere dall'agitazione.
Da un lato, perché non si è sicuri di essere creduti, specialmente quando si sta dicendo qualcosa di cui non si è convinti o che si sa essere falsa, dall'altra, perché si pensa di avere poco tempo a disposizione.
Questa è una delle paure che deve superare l'aspirante comunicatore assertivo: non sei noioso se parli per più di qualche secondo, non sei borioso perché parli di quello che sai, ricorda che per i principi che tanto abbiamo analizzato e studiato, tu hai il sacrosanto diritto di esprimerti, proprio come tutti.

Consecutio

Dicevo prima che ci si "impalla" quando si parla "a raffica", ma quando una serie di affermazioni ti suona poco sincera, chiedi alla persona di invertire il processo narrativo, di partire cioè dalla fine e di arrivare all'inizio: la nostra mente, però, non può ripercorrere una "mappa mentale" di eventi che non sono accaduti davvero.
Possono succedere due cose: o la persona ometterà il punto che ti ha fatto suonare un allarme, o la dirà come prima cosa per passarci sopra, anche se l'ha pronunciata di malavoglia nel suo discorso.
In ogni caso, sarà impossibile dire una bugia al contrario.

Velocità di pronuncia: agitazione, segno di insicurezza

Se nell'esercizio precedente, quello sulla lettura registrata ti avessi chiesto di leggere una, due o cinque pagine, avresti ottenuto sicuramente dei risultati diversi.
I tempi comunicativi sono essenziali e quello che vorrei che facessi è ripristinare anche l'inner talking tra le tue pratiche prima di ritentare l'esercizio.
Prendersi un momento di respiro e di consapevolezza aumenterà notevolmente la tua capacità di esprimerti con sicurezza e in maniera esatta.
L'idea di avere una "deadline" e di dover rispettare delle aspettative in un lasso di tempo limitato non deve essere più una fonte di stress.
Sei capace di gestire un obbiettivo a tempo, devi solo ricordarti che non succederà nulla di male.
Le probabilità che quello che dirai ti metterà in pericolo sono molto basse e anche se vivessi facendo un mestiere che contempla questo tipo di rischio avrai ricevuto un addestramento (simile a quello proposto in queste pagine) che ti salverà la pelle.

Idioletto

Non è propriamente un campo della comunicazione paraverbale, ma diciamo che vi rientra parzialmente in quanto riprende anche le forme di comunicazione apprese socialmente, culturalmente e tramite l'educazione familiare o comunque di un ristretto gruppo sociale.

Così come una società segreta ha il suo modo di esprimersi che lo contraddistingue al fine di essere riconoscibile solo ai propri iniziati, in modo molto meno misterioso e artefatto ogni gruppo ha i suoi stilemi comunicativi e simbolici.

Questo vuol dire che ognuno di noi ha una sorta di impronta verbale unica, una somma di tutti gli elementi culturali, educativi, sociali, geografici-dialettali ma anche storici che hanno plasmato la nostra personale idea di comunicazione.

Quando noti che una persona usa delle particolarità linguistiche, puoi provare a decifrarle e farle tue: vedremo più avanti come questo meccanismo può tornarti utile.

*Come essere assertivi con la comunicazione non verbale e
paraverbale*

Tra gli studi in questo campo spiccano quelle condotte da eminenti
membri dell'FBI nella loro ricerca di comportamenti incriminanti
durante gli interrogatori, ma utili anche per mantenere la propria
leadership durante l'esercizio impegnativo della gestione delle task
force di alto grado.
Questo gruppo di reazioni nervose è anche conosciuto dagli agenti
delle reti di anti-spionaggio, dai criminologi, da molti psicologi e
in generale da chiunque debba essere addestrato a identificare comportamenti contraddittori in un soggetto.
Lo studio sulla comunicazione non verbale nasceva nella ricerca
antropologica per cercare di capire se l'uomo possiede dei parametri innati e se tutti gli umani hanno le stesse reazioni fisiche: tale
studio ha confermato proprio che, indifferentemente dal luogo e
dalla cultura di nascita, tutti hanno gli stessi impulsi se hanno a che
fare con qualcosa che induce sensazioni quali la paura, il dolore, lo
stupore, la gioia, l'avversione o l'attrazione.
Esiste quindi una sorta di codice comportamentale universale di
successo per una comunicazione efficace e assertiva.

Capitolo 5

ESERCIZI COMUNICATIVI

Come promesso, questo libro ti fornirà degli strumenti di comunicazione pratici, e perciò ho dedicato l'intero capitolo allo sviluppo di esercizi non verbali con cui migliorare la tua sicurezza mentre parli.

Questo non accrescerà solo tuo senso di autostima per quando ti troverai a tu per tu con un interlocutore ostico, ma ti aiuterà anche nella costruzione della tua immagine personale di successo.

Tutti questi esercizi possono essere eseguiti tenendo a mente i valori dell'assertività, che sarebbe bene tu ripassassi adesso prima di buttarti nella pratica.

Una volta rivisti i tuoi obbiettivi assertivi, con l'ausilio di semplici oggetti che troverai in tasca o in casa, dedicati per qualche minuto con serietà e concentrazione.

Se farai correttamente anche gli esercizi che prevedono l'ausilio di un'altra persona, non ti preoccupare se inizialmente vi potrebbe scappare da ridere: quando si è in imbarazzo perché si fanno cose nuove, spesso si tende a buttare fuori energia e ciò crea un piccolo corto circuito che il nostro cervello risolve appunto con la risata nervosa.

Respirate e concentratevi.

Lo specchio

Posizionati davanti a uno specchio e prova un discorso.
Attenzione però, avrai risultati diversi a seconda del fatto che tu stia provando un monologo per un qualche motivo, un discorso che ti serve per convincere qualcuno, una risposta che avresti voluto dare e che sai sarebbe stata più efficace.
Quello che stai andando a sviluppare è un "precedente" nel tuo cervello, in modo che, grazie al percorso neurale creato in casa, tu possa reiterare una condizione e ottenere più facilmente il risultato sperato.
Perché farlo allo specchio?
È presto detto.
Nello specchio noi percepiamo noi stessi.
Possiamo lavorare per eliminare gli elementi di insuccesso che abbiamo elencato prima nella parte sulla comunicazione non verbale, e contemporaneamente stiamo "imitando", andando a seminare un ricordo nella nostra mente per poterlo rielaborare come risposta che possiamo dare quando necessario.
L'esercizio dello specchio può quindi creare un frasario preciso di affermazioni verbali, non verbali e paraverbali corrette e pensate apposta per le tue esigenze.

La registrazione

Similmente all'esercizio dello specchio, puoi fare una registrazione senza l'ausilio della superficie riflettente.

La differenza sostanziale con questo approccio è che ora potrai andare "a braccio" scordandoti di doverti guardare allo specchio (cosa che in qualche modo potrebbe influenzare il tuo comportamento e la tua gestualità) per essere il più naturale possibile.

Un ulteriore consiglio: non mettere la videocamera o il cellulare con cui fai la ripresa dritto davanti a te come se fosse l'interlocutore; cerca di non guardare dritto nell'obbiettivo perché probabilmente cambieresti modo di fare nel cercare di rientrare al meglio nell'inquadratura.

Quello che ti conviene fare, invece, è trovare un modo di riprendere la tua figura mentre parli e di parlare verso un punto in cui si troverebbero eventualmente gli occhi della persona a cui devi fare quel discorso.

Rivedere la registrazione ti può essere utile nel constatare la presenza di micro-espressioni che tradiscono le tue difficoltà emotive, le tue insicurezze e le tue perplessità.

Quello che devi fare, tentativo dopo tentativo, è avere i seguenti strumenti nel tuo "armamentario comunicativo assertivo":

- Voce sicura, bassa e profonda
- Tono calmo
- Parole scandite con precisione
- Sguardo ben indirizzato
- Presenza di spirito
- Riconoscimento di eventuali incoerenze comunicative dell'altra persona
- Postura che denota sicurezza
- Mani congiunte in posizione rilassata
- Sorriso che trasmette cordialità
- Espressione del viso che invita a parlare
- Frasi precise, sintetiche ed esaustive

Misurare le tempistiche

Una volta che ti sei impratichito con lo specchio e con la registrazione, puoi chiedere a un amico o a un parente di aiutarti con la conversazione.
La cosa più facile che puoi fare è avvalerti della moderna tecnologia per misurare quanto tempo ti occorre per rispondere in maniera sintetica ma esaustiva e quanto invece ti serve per darne una più approfondita e dettagliata.
Ci sono diverse app che vengono usate come timer per il gioco degli scacchi: si può impostare un limite massimo di tempo in cui poter fornire una risposta e allenarti ad esporre al meglio la tua opinione.
Questo è molto importante perché, generalmente, le persone sono convinte, a torto, che più parole equivalgano a una migliore comprensione.
Ciò è palesemente falso e anche controproducente perché più riuscirai a essere sintetico, più otterrai l'attenzione degli altri.
Non ti innamorare della tua voce, ma piuttosto pensa a come ridurre il tuo discorso a poche parole che concentrino tutto il sapere necessario per chi ascolta.
Quando la scuola ci prepara a rispondere, esige risposte lunghe, viene premiato troppo spesso il "compito in classe" che riempie quattro facciate come risposta a un quesito.
Nella vita reale, però, i professionisti sanno che si deve sempre dare solo l'essenziale in modo da far capire all'altro solo quanto necessario, quali punti salienti, senza abbondare di dettagli e giri pindarici che, anziché impreziosire la comunicazione la appesantiscono e basta.

La giusta quantità di parole

Qual è, dunque, la giusta quantità di parole per una risposta?
Ti sorprenderà sapere che è stata calcolata e, in generale, la frase che viene recepita come facile da "digerire", da memorizzare e da interiorizzare è composta da massimo quattordici parole.
Fissa questa cifra nella tua mente e allenati a rendere il tuo dialogo fluido, con frasi ponderate, secche ma pregnanti.
Quando fai un elenco, se devi far scegliere a chi ti sta ascoltando qualcosa, tenta di non andare oltre i tre punti, ma cerca piuttosto di proporre un'alternativa poco piacevole, una accettabile e, infine, la tua preferita, che metterai per ultima non a caso ma proprio per farla accettare e ricordare più facilmente.

La sincronicità gestuale

Psicologi e altri esperti di comportamento hanno identificato un pattern comunicativo detto "copying" per cui un individuo che si trova particolarmente a proprio agio con un'altra persona si muoverà in maniera sempre più simile a colui o colei con cui si sta relazionando.
In più, chi "copia" il movimento dell'altro dimostra un interesse in più: è come se una parte dei nostri processi sinaptici si impegnasse a dimostrare familiarità a chi ci sta parlando o ascoltando in modo da metterlo meglio a proprio agio.
Quando questo comportamento "a specchio" diventa natura, le persone sono meglio disposte nei nostri confronti.
Se non ci credi, puoi chiedere agli esperti di tecniche di vendite nel marketing e tecniche di seduzione.
Prova a proporre un qualche argomento a una persona che conosci, meglio se non siete molto in confidenza, e mentre chiacchierate cerca di portare l'attenzione su un obbiettivo che hai stabilito.
Conosci già i segnali del corpo che abbiamo visto nel paragrafo sul linguaggio non verbale: usa quei dettagli senza curarti troppo del loro significato, ma mostrando eventuale riluttanza o interesse non tanto relativi a chi sta pronunciando le parole ma sottolineando che

tali reazioni sono collegate all'oggetto dell'enunciato.

Copia anche il tono di voce e la velocità di pronuncia delle sillabe, senza sembrare ironico né cercando di farlo alla perfezione (ti smaschererebbero subito); al contrario, devi sembrare naturalmente vicino all'altro.

Questo vuol dire spostare il focus in maniera cosciente verso quell'esigua parte della comunicazione, quella puramente verbale, servendoci del restante ottanta percento che non riguarda il significato delle frasi pronunciate.

Il copying ti sarà utile durante colloqui, nelle conversazioni più formali, ma anche negli incontri che potrai programmare e per sciogliere eventuali resistenze degli interlocutori con cui hai avuto un attrito: ti percepiranno come più "simpatico", ed è in quel momento che potrai inserire l'argomento che ti sta a cuore.

PARTE 3

PROGRAMMARE IL PROPRIO LINGUAGGIO

È possibile programmare in anticipo il proprio modo di parlare. Tutto quello che hai imparato circa la comunicazione verso l'esterno di te ti ha portato qui, verso il rinsaldamento di questi meccanismi, al fine di farli diventare una tua seconda natura che ti permetta di muoverti in scioltezza e comunicare senza indugi.

Capitolo 6

LA PARTE QUOTIDIANA DELLA COMUNICAZIONE ASSERTIVA

Tutto quello che impareremo da qui in poi può essere usato tutti i giorni non solo come metodo per migliorare le nostre performance in ambito lavorativo o per aumentare il grado di sicurezza dentro noi stessi quando ci approcciamo alle persone.

Il nostro scopo finale, che è anche quello di questo libro, è di cambiare in toto i comportamenti negativi e di strutturare e plasmare un linguaggio che non sia soltanto "piacevole" o efficace con gli altri, ma che sia un supporto per la vita quotidiana, una colonna della nostra identità con cui poter gestire le nostre emozioni interiori e migliorare le relazioni con gli altri.

Decidersi di usare la comunicazione assertiva vuol dire poter attingere in qualsiasi istante ad una risorsa che rende le nostre interazioni più dirette, senza certi ostacoli emotivi e basandole su cooperazione e rispetto.

L'ottimismo.

Gli ottimisti vivono più sani e vivono più a lungo.

La scienza non ha nessun dubbio sulla relazione tra salute ed essere positivi nei confronti della vita, e dunque l'ottimismo è **una risorsa da non sprecare**, ma semmai da coltivare con estrema tenacia.
Anche in tempi come questi che inducono a guardare il mondo con gli occhiali scuri.
Vivere di amarezze non è sostenibile e non è realistico, perché la vita non è un evento che cambierà a seconda di quanto ci sentiamo fortunati o sfortunati.
La vita cambia quando sappiamo godere di quel che abbiamo e siamo convinti di poter trovare soddisfazione nonostante le pessime giornate e coltivando quelle belle.
A questo punto ti verrebbe da pensare che io stia parlando per frasi fatte o trovate in qualche confezione di cioccolatini, ma ti posso assicurare che non è così.
Ho tratto questo importante insegnamento da uno studio effettuato riguardo le dinamiche negli ambienti lavorativi: parlo del settore delle vendite di assicurazioni.
Si è osservato negli ultimi decenni che questa branchia della finanza è una delle più difficili; non esiste una statistica fissa e predeterminata, esistono diversi dati ma tutti sono concordi nel constatare che il rapporto tra vendita finalizzata e polizza assicurativa proposta è veramente esiguo.
È stato notato da queste ricerche comportamentali che vendere una polizza assicurativa, al giorno d'oggi, è una delle imprese più difficili dal punto di vista professionale.
Le agenzie che hanno svolto questi studi in ambito psicologico nel campo lavorativo hanno scoperto che gli agenti che rimanevano sul campo erano quelli dotati di un forte ottimismo.
Dall'analisi del profilo del personale delle ditte che si erano prestate all'indagine, è uscito un primo dato che metteva in luce l'inadeguatezza dei pessimisti, i quali, consapevoli del dato negativo a cui potevano andare incontro, finivano anche per

lasciare il lavoro: la maggior parte di questi, abbandonava dopo meno di un anno.

Le persone ottimiste, d'altro canto, a parità di formazione e di opportunità rispetto ai loro colleghi catastrofisti e pessimisti, avevano una capacità di vendere nettamente superiore, ottenendo successi tra il trenta e il quaranta percento in più.

Ora posso provare ad immaginare che sta cominciando a farsi strada l'idea che abbracciare un approccio più ottimista ti converrebbe.

In effetti è così. Riflettiamo un attimo insieme: di fronte a qualunque impresa che può essere veramente ardua, possiamo disperarci o possiamo pensare a come sarà gratificante arrivare alla fine.

Immagina di dover fare un lavoro pesante e impegnativo, o di dover scalare una montagna, e prova ad ascoltarti immaginando come se fossi il tuo stesso compagno o collega per quella giornata.

Ti piacerebbe davvero sentire continuamente e per tutto il tempo una costante lamentela su quanto sia impossibile raggiungere l'obbiettivo?

Avere un compagno di squadra propositivo, entusiasta e che ti sproni ad arrivare fino in fondo non sarebbe meglio? La differenza sta tutta qui, perché la verità è che la vita è dura e faticosa.

Ogni cosa, dalla più semplice e facile, può sembrare noiosa, difficile, faticosa, perfino dannosa se la si approccia con quel pessimismo che sappiamo essere deleterio; si farà molta più fatica perché ogni gesto, ogni minuto e ogni respiro saranno permeati dalla voglia di fare tutt'altro.

Ma anche quel "qualcos'altro" che si potrebbe fare diventerebbe subito un problema, mentre sembrava allettante fino a quando rimaneva lontano, una vaga alternativa al dovere del momento.

Un atteggiamento prevalentemente ottimista ti aiuterà invece a prendere la giornata per come si presenta, senza illuderti che altre condizioni raddrizzino inverosimilmente tutti i tuoi problemi.

L'ottimista vede opportunità, non fosse altro che potersi rilassare e avere un po' di sollievo dopo aver concluso il compito che non gli era particolarmente gradito.

Per quanto riguarda la comunicazione invece, un pessimista si

porrà sempre sulla difensiva, rendendo la conversazione fastidiosa.
Possiamo immaginare che metaforicamente è come incontrare una persona che, non appena ci vede, tira su i pugni e si mette in difensiva da boxe, pronto a incassare colpi che non abbiamo alcuna intenzione di sferrare, e alla lunga non avremmo alcuna voglia di doverci confrontare con qualcuno che ci genera sempre ansia e tensione.
La difensiva è l'atteggiamento di chi pensa sempre negativo, ma a meno di non lavorare al pronto soccorso o nel centralino dei vigili del fuoco, alla fine si andrà a sfibrare e creare inutilmente dei conflitti, delle tensioni e dei problemi con gli altri e con sé stessi.
Un ottimista invece è una persona che, metaforicamente, ci accoglie a braccia aperte: anche sforzandoci, non possiamo pensare a un motivo per non preferirlo rispetto a qualcuno che non fa altro che diffidare delle nostre intenzioni.
Per quanto riguarda la comunicazione assertiva, poi, l'ottimismo è un importante chiave di lettura in cui poter direzionare la conversazione verso dei pratici obbiettivi.
Il minimo risultato che si potrebbe ottenere con un po' di ottimismo nella comunicazione è il miglioramento dell'ambiente emotivo, portando l'attenzione dell'interlocutore verso i fattori positivi che non aveva preso in considerazione o, in assenza di un esempio pratico a portata di mano, proponendo una prospettiva futura più rosea. È indispensabile essere ottimisti quando si vuole ottenere qualcosa, soprattutto quando si lavora in gruppo. Immaginate cosa potreste ottenere con un capo pessimista che inizia la settimana lavorativa dicendo: "l'obbiettivo di questi giorni vi verrà inoltrato con una mail, ma tanto è impossibile che lo raggiungiate".
Di contro, l'ottimismo e la motivazione viaggiano su binari paralleli.
L'ottimismo, in ultima analisi, non serve a "fare" quel che si deve fare, ma a pensare di poterlo fare anche se è arduo.
Ora ti vorrei consigliare un piccolo esercizio da effettuare.
Cerca dentro di te quali emozioni potresti sentire se avessi già raggiunto il tuo obbiettivo.
Immagina le sensazioni tattili, cattura quelle emozioni.
Dopo di che, mettiti al lavoro per raggiungere quel traguardo.

Se non ami cucinare ma ti piace godere del piacere di un buon piatto, immagina il risultato finale: troverai più facilmente la pazienza di seguire quella determinata ricetta.
Lo stesso vale per le questioni più o meno importanti della vita, dal risolvere alcune problematiche dei figli o da un semplice acquisto online: immagina la soddisfazione di aver fatto quel che dovevi.
Ti propongo una nuova definizione di ottimismo:

1. Capacità di capire che cosa si otterrà dopo la fatica
2. Usa la prima persona singolare
3. Chiarisci sempre che sei tu il soggetto interpellato e che parli a tuo nome.

Dai importanza a quell'Io che spesso hai sottovalutato.
Porta l'attenzione del tuo interlocutore sulle tue necessità, sulla tua emotività e sulla tua persona; non ti si deve assecondare perché fai parte di un gruppo di qualche tipo ma perché hai una voce e chi ti ascolta deve capire che quello che sta ricevendo non è un messaggio anonimo di un "oggetto", ma è una connessione stabilita con un suo simile o pari.
Spesso l'educazione che ci è stata data tende a ridurre l'importanza dell'Io nella comunicazione perché si vuole ridurre un impatto troppo "prepotente" o la tendenza di alcuni, nell'infanzia, di capitalizzare l'attenzione futilmente. Questo però si può tradurre nel ridurre al silenzio le proprie prese di posizione e preferenze che, in fase adulta, sono necessarie a non incappare in situazioni di stress inutili.
Andando all'opposto estremo dell'esempio precedente, quando decidiamo di non usare la prima persona singolare dove si dovrebbe, si ottiene un effetto "impersonale" nella comunicazione che toglie la possibilità di avere un dialogo costruttivo e sano.
Quindi ricordati di usarla per entrare in relazione con il tuo interlocutore.
Le proposizioni come "non si fa", "si deve fare così", "sarebbe meglio", e altre affermazioni simili che tolgono il soggetto dalla frase, eliminano anche l'interlocutore, dando un senso vago di minaccia o sembrando un ordine perentorio da cui non si può

scappare.

Se pensiamo che tutta la comunicazione è preziosa, avendo l'occasione di essere compresi e di poter migliorare la connessione con gli altri, possiamo anche trarre vantaggio da una comunicazione assertiva e positiva per rinforzare la nostra personalità dandoci modo di fare un esercizio per migliorarci.

Individualismo senza egoismo

Possiamo pensare a tutti gli strumenti sopra esposti come a dei filtri con cui schermare la nostra visione della realtà in modo da ottimizzare la nostra reazione.
È quindi importante rendersi conto che non siamo nella testa delle persone e fingere sempre di "sapere" ciò che gli altri dicono o rispondono, e che i nostri commenti siano a loro volta filtrati da varie influenze e fattori culturali, emotivi, ambientali del nostro interlocutore.
Per avere relazioni sociali sane, l'atteggiamento presuntuoso e ingenuo di coloro che vogliono prevedere ogni pensiero degli altri e persino aspettarsi che gli altri mettano i propri bisogni al di sopra dei propri interessi, può essere disastroso.
Il fatto che non si sappia in anticipo come reagirà l'altra parte alla nostra affermazione non è uno svantaggio strategico, è la natura della versatilità dell'animo umano, contrariamente a questa natura significa incontrare errori di valutazione e di risposta.
La comunicazione sicura mette l'individuo al centro dell'equazione e coloro che aderiscono con successo alle qualità di cui stiamo discutendo hanno maggiori probabilità di sperimentare meglio l'interazione umana, arricchire la loro esperienza e diventare un supporto efficace per la loro squadra.

Sorridere nella comunicazione assertiva

A livello biologico, sorridere sembra essere un atto strano: i primati sono gli unici mammiferi (e animali in generale) a mostrare i denti mentre manifestano la loro non-pericolosità approcciando individui che sono felici di incontrare. Elemento non verbale particolarmente potente, il sorriso: dipende dai gesti circostanti e dall'espressione degli occhi, questo gesto può esprimere tante cose diverse, come la complicità, l'amicizia, la sensibilità, la gioia, il sollievo, l'allegria.

Da decenni di ricerche antropologiche in tutto il mondo, si è notato che il sorriso è uno dei pochi elementi di comunicazione condivisi da tutti gli esseri umani: In tutte le culture, questo gesto innato esprime lo stesso concetto di base, cioè "mi trovo a mio agio in questa situazione".

Proviamo ad immaginare una situazione nervosa: un incidente in cui, fortunatamente, c'è solo una perdita materiale.

Che tu sia la vittima o no, il sorriso può ridurre la reazione negativa delle persone che abbiamo di fronte e avere un dialogo ordinato là dove sarà più difficile, soprattutto quando dovete ancora chiarirvi.

Inoltre, se siamo la parte lesa, ci metterà in uno stato d'animo meno aggressivo ed eviterà di "deteriorare" la nostra situazione o di "andare dalla parte sbagliata".

Al lavoro, sorridere può cambiare molte cose, renderci più sereni e condividere il peso emotivo del lavoro da svolgere.

Abbiamo già detto che il sorriso è un elemento comune della comunicazione non verbale.

Ci sono due ragioni per cui dovremmo sorridere più spesso del solito.

Il primo, fisiologicamente, è "ingannare" il cervello.

Può sembrare strano, ma le persone hanno notato che i neurorecettori coinvolti nel gesto di "mostrare i denti per esprimere gioia, rilassamento e cordialità" stanno lavorando anche al contrario.

Il nostro stesso corpo ci ha insegnato una lezione di vita molto importante: non devi avere buone notizie per sorridere, il sorriso porta buone notizie.

Sia scienziati che maestri spirituali credono questo.

Più cresciamo, più la nostra società ci persuade a non sorridere perché altrimenti "sembri stupido".

Ad esempio, si dice che " il riso abbonda sulla bocca degli stolti ".

La paura insita nell'esprimere le emozioni ci mostra le carenze della nostra società, non degli umani, perché il fatto è che sorridere e ridere ridurranno il livello di cortisolo ("molecola dello stress") e allo stesso tempo promuoveranno la produzione di dopamina ed endorfine (la molecola del buon umore) e aiuta indirettamente a mantenere il sistema immunitario e la salute mentale.

Contrariamente a molti insegnamenti intelligenti che si autodefiniscono "facente parte di culture avanzate".

Non è un caso che uno dei personaggi più iconici dei film contemporanei sia il nemico di Batman, il Joker, che a differenza del suo avversario, sembrerebbe accompagnare la sua ilarità a un grande disagio.

Riprendiamoci i nostri sorrisi, conquistiamoci il diritto di aprire le nostre labbra e illuminare i nostri occhi, e riacquistiamo la nostra espressione gioiosa.

La nostra mente, abilmente ingannata, crederà che se c'è un risultato (sorriso), ci può essere un motivo (una causa di gioia).

Questo, attivando vari centri nevralgici nel nostro cervello, invertirà il processo dei nostri pensieri ed eliminerà gli ostacoli della comunicazione.

È un po' come un bluff al tavolo da gioco, o anche come alcune operazioni economiche di nuove società, che si mostrano in modo affidabile, e infine confondono il nesso causale agli occhi dei possibili investitori e clienti. Fidati, crea ricchezza chi "sa mostrarsi".

Noi siamo gli imprenditori che bluffano e i nostri cervelli sono gli investitori.

Qui, iniziamo a considerare come utilizzare il sorriso come strumento di fiducia in sé stessi per i nostri interlocutori.

Parlare con un sorriso ti costringerà a esercitare il rilassamento e la coordinazione mentale.

Si dà l'effetto e l'intenzione di mostrare emozioni positive perché dà un senso di vicinanza e rilassamento: ovviamente, questo aiuta ad avvicinare le persone, rendendole più disponibili ad ascoltare le nostre motivazioni e a soddisfare le nostre esigenze.

Un sorriso pieno di amore e compassione può stimolare i neuroni specchio dei nostri interlocutori ed è molto utile man mano che la situazione si fa più critica.

Noterai che quando noi siamo particolarmente concentrati, tendiamo a ripetere gli stessi schemi di movimento.

Se sorridi, prima o poi il tuo interlocutore inizierà a rispondere.

Il sorriso salva la vita oltre ad essere un gesto di gentilezza verso gli altri.

Ne sa qualcosa il giornalista di guerra Tiziano Terzani, catturato e quasi ucciso dai guerriglieri in Cambogia e in Afghanistan.

In due occasioni il sorriso l'ha salvato.

Il sorriso lasciava intendere diverse cose che misero in confusione i combattenti: il giornalista italiano non aveva paura, anche se non parlava la loro lingua (o solo poche parole), stava comunicando e dimostrando di voler continuare quella comunicazione, ha lasciato intendere che non era a conoscenza della gravità della situazione (facendo sospettare che la sua esistenza sia stata sempre giustificata da alcuni ufficiali) e non si è mai posato in modo minaccioso o pericoloso.

Pertanto, in una situazione conflittuale, sorridere può significare "siamo dalla stessa parte, amico", e può essere il primo passo per diminuire le emozioni distruttive.

Oltre a sorridere, possiamo anche considerare quali altri gesti, espressioni ed elementi para verbali sosterranno la nostra assertività.

Un esercizio sorridente

La lezione che abbiamo imparato qui è che sorridere può davvero aiutarci. Ci ritorneremo anche nel capitolo successivo.
Come esercizio, ti suggerisco di sorridere nei momenti di crisi.
Sorridi, respira e riprendi da dove ti sei bloccato.
Sorridi e allenati a sorridere, ma non solo sorridere alle persone con cui devi avere un rapporto di lavoro, ma cerca di trasmettere più serenità ai tuoi conoscenti, perché no, anche a quelli che sembrano marginali e secondari.
Infatti, quest'ultimo può fornirti una "palestra del sorriso".
Quando ti costringi a sorridere a tutti quelli con cui parli per una settimana, cerca di notare come cambiano le relazioni e le reazioni delle persone.
Non preoccuparti: comunque, se le persone ricordano che sei la persona sorridente, ne avrai solo beneficio.
Fascino: talento o abilità acquisite?
A volte, quando ci confrontiamo con persone che possono persuadere gli altri in modo naturale e che identifichiamo subito come "persone di successo", sentiamo una distanza, cerchiamo invece di usare come misura lo stesso sforzo necessario per comunicare.
Prima di tutto, lascia che ti dica che i confronti basati su osservazioni personali possono essere controproducenti e, alla lunga, questo atteggiamento può minare la sicurezza di chiunque.
La differenza nella possibilità di superare i traguardi è causata da molti fattori, molti dei quali non sono sotto il nostro controllo.
Partiamo quindi dal fatto che nella comunicazione, come nella vita, non tutto è sotto controllo.
Fortunatamente! Sei responsabile solo di ciò che puoi fare direttamente.
Pertanto, sottolineo la prima necessità di distinguere tra "cosa sei" e "cosa fai".
Questa non è una discussione filosofica, né è un sottile argomento di semantica: se ti convinci che "sei" l'autore di un fallimento, che "sei" sfortunato, o che non '’sei’ capace di raggiungere i risultati della persona che ammiri, hai intrinsecamente escluso la possibilità

di farlo.

Vivere nella convinzione di "essere" la vittima di uno sbaglio, è un'enorme e diffusa credenza maligna che priva tutti noi a non riuscire a vedere il positivo.

Ma questo non è il caso.

Definiamo le persone carismatiche in modo che i loro ruoli (ereditari, acquisiti, temporanei o permanenti) siano coerenti con la loro capacità di gestire una determinata area, piuttosto che con la loro identità emotiva come vittima di influenze ambientali casuali.

La certezza incrollabile del raggiungimento degli obiettivi deriva dalla capacità di rialzarsi in caso di fallimento, credendo in ciò che si può fare invece di ciò che non si può fare.

Esiste un antico concetto chiamato kalokagathia in Grecia e ci è molto utile perché spiega gli eroi della mitologia che possiedono l'aura di successo che permette loro di distinguersi.

La capacità della leadership è così diversa che viene tirata in causa l'ipotetica parentela sacra e divina per giustificare il loro fascino.

I più coraggiosi mostrano non solo forza, ma anche acume: proprio come Ulisse, hanno talento.

In realtà, la dinastia eroica (e in seguito le dinastie aristocratiche e i leader politici ed economici) sono riusciti a crescere la propria prole per conseguire il successo: l'atteggiamento al comando e le credenze non sono più viste come un qualcosa tramandato per diritto di nascita, ma è la cultura dell'apprendimento appositamente veicolata. È inutile provenire dalla famiglia di un leader, quanto piuttosto osservare una persona che sa farsi rispettare ed è abituata a risolvere le crisi imiterà naturalmente le sue strategie vincenti.

Giulio Cesare, Enrico V e Napoleone Bonaparte infiammavano le proprie truppe con fierezza, ma questa capacità oratoria derivava dagli esercizi dialettici che iniziarono quando erano giovani.

Prova a chiederti quali modelli contribuisce a formare le tue capacità di comunicazione, positive o negative che siano.

Pensa a chi stai imitando quando ti viene chiesto di svolgere un ruolo di responsabilità: una persona che non sa esprimere le proprie idee o un modello carismatico capace di far valere le proprie parole?

Più avanti vedremo come "imitare" e imparare volontariamente dalle persone che scegliamo.

Ora, concentrati sul fatto che per realizzare le capacità delle persone carismatiche e convincere gli altri ad ascoltarti attentamente, devi muoverti in una nuova direzione.

Concentrati su un fattore che spesso viene trascurato: il tempo.

Dedicare del tempo alle proprie abilità cambierebbe notevolmente le regole del gioco.

Ecco una breve introduzione alle cinque abilità di base che lo scrittore americano Dale Carnegie ha isolato per creare una personalità affascinante:

1. "Costruire un rapporto", ovvero la capacità di instaurare un rapporto di rispetto reciproco tra due o più persone;
2. Curiosità, una virtù che ci permette di trascendere i livelli della comunicazione e cogliere i punti principali da persistere o evitare;
3. Aspirazione, da non confondere con il termine avidità, essa invece permette di andare avanti nella vita, provare a migliorare noi stessi, l'ambiente che ci circonda e proteggere i nostri interessi con equità e giustizia;
4. Risoluzione, cioè la capacità di risolvere i conflitti, di non perdere l'obiettivo finale che potrebbe essere perso di vista durante uno scontro che può essere quasi sempre evitato, ma che una volta iniziato va disinnescato limitando eventuali danni collaterali
5. Comunicazione, l'oggetto stesso di questo libro, avere la capacità di esprimere chiaramente le proprie idee e di comprendere appieno le intenzioni altrui.

Tutti questi ingredienti possono essere mescolati solo e soltanto se avanziamo una visione positiva e ottimistica di noi stessi.

Posso farmi vedere dagli altri come un esempio positivo?

Ancora una volta: fermati a pensare che non devi "essere qualcosa" ma specificando che sei in grado di farlo.

Se penso che dovrei "essere" un leader, fallirò, se sono convinto che posso farlo, lo farò.

"Essere" qualcosa implica l'impossibilità di sbagliare, anche di poco, da un percorso regolare, sicuro e perfetto.

Ma questo non può esistere.

"Fare", d'altra parte, implica implicitamente anche "imparare a fare", darsi la possibilità di migliorare senza che l'abilità necessaria ci riempia irragionevolmente di virtù preconfezionate.

Durante una crisi, pensare di sé stessi che potresti "essere una persona completamente nuova" è ingenuo, e non appena questa personalità si scontra con i vecchi problemi, automaticamente ripete i vecchi schemi dal quale si voleva scappare.

D'altra parte, se pensi di voler fare qualcosa di nuovo, come cambiare le tue abilità, ti impegni a iniziare l'azione, a metterti in discussione e ad ottenere gradualmente cambiamenti sistemici che verranno notati solo dopo che saranno stati raggiunti.

Per farlo, come ha detto Carnegie, ci vuole tempo.

Sii gentile con te stesso e pretendi il massimo sforzo, ma commisurato alle tue attuali capacità.

In questo libro trovi alcuni esercizi che puoi ripetere in qualsiasi momento, ma per renderli veramente efficaci, devi ripeterli il più possibile, rendendoli una seconda natura.

Molte persone collezionano libri di auto-aiuto ma il motivo per cui non funzionano è semplice: perché non si dedicano ad esso.

Il manuale non è un talismano che toglie i pesci dall'acqua al posto tuo.

Ricorda, il tempo che dedichi a questo cambiamento è un investimento su te stesso e sulla tua felicità.

Misurare il tempo con gli altri

Il concetto di "dedicare tempo" può altresì essere interpretato come un buon consiglio in materia diplomatica e per una corretta comunicazione assertiva.
Tutti dovrebbero avere il diritto di esprimere i propri bisogni secondo i propri diritti e le proprie necessità, così come tutti dovrebbero avere uguale tempo di replica.
In generale, chi parla dovrebbe avere la lungimiranza e saper misurare la lunghezza del suo discorso (indicativamente) senza abusare del tempo altrui.
Molti venditori ci infastidiscono perché pensiamo che il loro comportamento sia fastidioso, non un'opportunità per risparmiare o migliorare la qualità della nostra situazione.
Se la premessa è "le rubo solo un minuto", ci si dovrebbe attenere a questa affermazione, indicando che il processo di transizione è breve e quindi l'esperienza non è molto rilevante. In vari campi, tutto ciò che è semplice e richiede solo pochi minuti è ben accetto.
D'altra parte, lunghe discussioni sono quasi sempre sinonimo di conflitto, almeno per farti venire un mal di testa. Tendiamo ad evitare le persone che ci trattengono a lungo e, naturalmente, preferiamo la compagnia o il servizio di persone concise e attente alle nostre esigenze.
Dedicate quindi al vostro interlocutore il tempo necessario, ma tutelate la vostra autonomia, i vostri diritti e il vostro stato di felicità.

Modelling e carisma

Sappiamo che ci sono delle lacune nella nostra formazione, la comunicazione nelle scuole e nelle famiglie non è uguale e diretta, ma subordinata a protocolli e strategie volte a fornire un codice comportamentale, ma di cui non si forniscono tutte le chiavi di lettura.
Poi ci sono quelle persone che, come dicevamo prima, sembrano avere tutte queste spiegazioni, o perlomeno le più importanti, e si muovono agilmente in luoghi per noi difficili da raggiungere.

Le persone carismatiche, quelle che hanno imparato (a volte inconsapevolmente) ad attirare la gentilezza dell'interlocutore, possono essere i nostri modelli.
Innanzitutto, pensa a qualcuno che ha raggiunto obiettivi importanti e simili ai tuoi.
Come si muove?
Cosa ha letto?
Che corso ha studiato o seguito?
Se possibile, scopri ogni dettaglio rilevante sulla sua formazione, la sua routine quotidiana e il tipo di vita che conduce e cerca di capire come riprodurre questi schemi.
Ad esempio, se il tuo beniamino ha scritto o detto le parole che ti hanno ispirato, che avresti voluto dire tu stesso, ma se si è formato negli Stati Uniti negli anni '90, allora è inutile provare a ricevere la stessa formazione.
È una esperienza inutile perché non devi andare a caccia di chimere.
Cerca piuttosto di capire come un'esperienza simile possa giovarti e cosa del viaggio fatto dal tuo modello di comportamento puoi ritrovare in altri contesti per metterti alla prova.
Spesso, potresti scoprire che le persone che comunicano in questo modo così funzionale hanno organizzato la loro giornata e la loro agenda in modo che possano usare le loro capacità e anche prendersi cura di sé stesse.
Non esiste una ricetta perfetta, ognuno funziona in modo diverso, ma da essa puoi trarre ispirazione per creare la tua "gestione del

tempo" personale, stabilendo un dialogo interiore quotidiano positivo basato sugli esempi che scegli.

In caso di dubbio, se il tuo modello è ancora vivo e accessibile, prova a contattarlo per chiedere un suo consiglio: potresti rimanere sorpreso, utilizzando i mezzi moderni forniti dai social media, puoi ricevere una risposta e trovarti in condizioni di puntellare la tua struttura.

Noterai che il fascino si basa su una serie di informazioni che entrano in un processo virtuoso di pensieri, parole e azioni positive. Le persone carismatiche trasmettono queste informazioni agli altri, li ispirano e ottengono supporto e responsabilità in cambio.

Maturità, carisma e comunicazione assertiva

Un'altra caratteristica importante della comunicazione del leader carismatico è la maturità.

Quando una persona affascinante parla, l'effetto è come un padre amorevole che indica la strada per la famiglia. Non esiste attrito con lui, pensiamoci.

Nessuna intenzione di agire alle sue spalle o di deluderlo perché ha dimostrato qualità nel suo lavoro. Come se fossimo fratelli o amici che conosciamo da molto tempo.

Tuttavia, se crediamo di essere in grado di ingannare gli altri, se fingiamo che ci teniamo a rispettare i loro diritti, i loro ruoli e le loro identità, falliremo e il nostro status sarà chiaramente compromesso.

Il segreto è pensare con compassione, simpatia ed empatia, e valorizzare le emozioni e l'autonomia degli altri, perché l'altruismo è sempre meglio, sia che ci affidiamo a qualcuno o che siamo i leader.

Si deve davvero avere a cuore il successo degli altri e comprendere che in una comunicazione assertiva non c'è un "vincitore" e un "perdente", ma il vero successo è l'avanzamento e il progresso di tutti i partecipanti.

Lo studio del nostro interlocutore

Come abbiamo detto prima, la personalità presuntuosa e ingenua pretende di controllare tutto.
Evitare di conoscere i temi da affrontare sarebbe però una mancanza di pragmatismo.
Si dice: "la conoscenza è potere", ma questo non significa che questo potere possa essere superiore agli altri, dove si trarrà vantaggi dalla dubbia moralità.
A peggiorare le cose, mostrare sofferenza per gli altri quando non lo siamo può renderci degli sciacalli.
Quando possibile, cerca sempre di prevedere le difficoltà che tu e l'interlocutore potreste incontrare, perché tutti abbiamo temi più sensibili.
Ci sono molti modi per capire i tipi di problemi che potresti incontrare, ad esempio se stai per fare un colloquio per l'azienda per cui vuoi lavorare, dal passaparola ai social media potresti fare una semplice ricerca.
Se sai che tipo di problema hanno incontrato, puoi scegliere di non menzionare mai quel tipo di difficoltà o di affermare di essere il risolutore del problema che hanno già affrontato.
Ad esempio, supponiamo di voler lavorare in una catena di librerie e di aver saputo da qualcuno delle criticità che hanno incontrato durante i periodi di stress, come le difficoltà durante le vacanze di Natale: puoi utilizzare le tue capacità di gestione dello stress e far leva su di esse, il tuo interesse per una comunicazione assertiva nel servizio clienti diretto e per il lavoro di squadra, potresti anche menzionare la tua tendenza ad apprendere nuove modalità di comunicazione grazie alla tua curiosità e al tuo interesse.
La comunicazione assertiva propone soluzioni laddove altri cercherebbero (sbagliando) una forma di complicità lamentandosi del problema dell'interlocutore, creando un punto di incontro.

Cosa fare in una "giornata no"

Capitano quei giorni in cui, nonostante la buona predisposizione cercata meticolosamente e la cura con cui ci siamo preparati per un incontro, la comunicazione stenta a decollare e ci sembra che qualcosa ci metta i bastoni tra le ruote.
Sappiamo già che non c'è alcun vantaggio nel trovare il colpevole esterno.
Se siamo all'inizio di uno di questi "giorni brutti", sorridiamo e usiamo il tempo di riposo programmato per riaggiustarlo.
La conversazione interiore crea una sensazione positiva: "parliamo" attivamente, rilassiamo i nervi il più possibile e "ricominciamo la giornata ".
Evitiamo di incolpare noi stessi o gli altri quando non si può "resettare" e ormai la giornata è andata male, ma accettiamo questo come abbiamo già detto altre volte: non possiamo controllare tutto.
Possiamo solo sorridere, controllare ciò che percepiamo ed elaborare la giornata appena trascorsa.
Presta attenzione a come comunichi con gli altri (e con te stesso) che è stata una brutta giornata senza risultati. Evita frasi come "è stata un disastro", ma sii positivo e ottimista, affermando che "poteva essere migliore e domani andrà sicuramente meglio".

Socializzare

Faresti una vacanza da solo/a?

Entri in un bar da solo/a?

L'idea di andare in discoteca o a fare shopping da solo/a ti crea ansia?

Hai difficoltà a rimanere in pubblico per molto tempo?

Se la tua risposta è sì, fai parte della maggior parte degli esseri umani.

Molto spesso il voler far parte dei social non significa sapersi rapportare.

Anzi! Ci sono persone introverse o semplicemente timide che pur volendo essere social non riescono a rapportarsi con gli altri.

Seppur una persona introversa prediliga stare "dentro il proprio mondo", ad essere più riflessivo e riservato, non significa che non voglia o che non sappia socializzare.

A volte queste persone vengono scambiate per antipatici o addirittura altezzosi, oppure ancora peggio, vengono prese per persone con qualche problema su questa sfera della vita.

Etichette sbagliate che generano ancora più ansia.

In un mondo in cui non dovrebbe esserci alcun pregiudizio, etichettare persone solo più sensibili si crea più danno che altro.

Le etichette non cambiano ciò che sei, ma ti possono aiutare a capire da dove ha inizio il tuo modo di rapportarti.

Capito quello potrai iniziare un processo per avere una migliore comprensione per accettare te stesso.

La nostra mente e il nostro carattere ci portano a dar molto, anzi troppo spazio ai pensieri negativi.

Se si tratta di auto criticarci poi, non ne parliamo!

Hai notato che si fa molto prima a trovare i difetti che i pregi su noi stessi e su chi ci circonda?

Devi imparare a silenziare tutta questa negatività interiore.

Cambiando il corso dei tuoi pensieri, cambierai anche il tuo modo di rapportarti con gli altri.

Il primo passo è quello di prendere consapevolezza dei tuoi pensieri, capire quando sono solo un gioco della tua mente o della tua scarsa autostima.

I pensieri di fallimento provengono da una iper-auto critica e da una scarsa fiducia in sé stessi.

Quando prenderai coscienza che sono solo pensieri e non realtà troverai il modo di riprendere il potere su te stesso.

Sentirai una forza interiore che ti farà "alzare la testa" e non più guardare verso il basso quando sei in mezzo alla gente.

Impara a conoscerti e a capire quali sono i tuoi limiti.

Accetta tutto di te, che siano qualità o difetti.

Concentrati di più su ciò che ammiri di te.

Un altro passo è non tormentarti se commetti un errore, non angosciarti sul cosa avresti potuto o dovuto fare, ma concentrati sull'esperienza fatta e trova la soluzione, fa che diventi una lezione da non ripetere più.

Ricordati che quell'errore è passato e tu devi rimanere nel presente per evitare che si ripresenti in futuro.

Un altro metodo per fermare i "giochi mentali" sono il vedere ciò che ti è successo da altri punti di vista, immagina che un tuo amico ti stia raccontando un fatto che lo ha colpito o sconvolto, tu cosa faresti?

Sicuramente dopo averlo ascoltato gli diresti di non preoccuparsi, che le cose non sono così gravi come lui le descrive, ecco ripeti a te stesso tutto quanto, fallo come se fosse una poesia da imparare a memoria.

Il ripetere ti permette di non dare importanza e potere ai pensieri negativi e critici che ti stai dando.

Rimani obiettivo e guarda i fatti per come sono, non per come la tua mente te li proietta.

L'andare "oltre" ti toglie le forze e non ti permette di godere a pieno ciò che realmente ti aspetta.

Ti faccio un esempio.

Vieni invitato ad uscire e la tua mente comincia a creare mille dubbi, fermala, all'inizio sarà difficile, ma col tempo e l'esercizio ti diventerà sempre più semplice.

Non permetterle mai più di toglierti energie sul chi, cosa o chissà, ma accetta l'invito e goditi la serata.

Impara a sostituire i pensieri critici con quelli realistici.

Non porti alcun limite.

Se credi che non piacerai a nessuno ti porrai già in una posizione di svantaggio.

Tu non devi piacere a tutti, tu devi piacere a te stesso e a chi ti interessa piacere.

Perciò rimani nel presente e preparati per una piacevole serata in compagnia, magari di gente nuova e simpatica.

Il tuo pensiero auto critico potrebbe iniziare con il metterti dei dubbi sul tuo modo di socializzare, facendoti credere che non sei un abile oratore, osserva questa critica, esaminala, cerca di "desensibilizzarti", vedrai che questo ti aiuterà ad accettare qualsiasi risultato riceverai, sia che la vita ti presenti delle esperienze fantastiche, sia ti presenti delle prove da superare.

Un altro consiglio che posso darti è applicare l'auto miglioramento per lavorare su te stesso e migliorare le cose.

Metti in atto l'accettazione per conoscere e imparare quali sono i tuoi limiti, non permettere che il sentimento dell'autocommiserazione prenda il sopravvento.

Impara che c'è sempre un modo per migliorarsi e una volta capito i tuoi limiti potrai metterti alla prova.

Una volta accettato le tue debolezze se ti sentirai motivato avrai la forza per cambiarle.

Tutto dipende sempre e solo da te, come detto prima, più dai spazio al tuo critico interiore e più potere gli dai.

Più lui ha potere e più tu stai male con te stesso, e qui devi prendere una decisione.

Vuoi migliorarti? La risposta è si?

Allora prendi tutti gli aiuti possibili, che arrivino anche dall'esterno, non ha importanza, sii umile e accetta chiunque voglia darti una mano.

Non è una cosa semplice da superare, ma ti ho fornito del bel materiale per iniziare.

Accettazione

Un argomento molto vasto, una parola semplice ma non facile da attuare.

Se pensiamo alle delusioni e ai fallimenti che possono accadere nella vita, ci viene difficile pensare che ci sia un modo per accettarli, invece il modo in cui tu gestisci e accetti il fallimento o la delusione dice molto sul tuo modo di sentire te stesso.

Se hai poca autostima, sicuramente ti colpevolizzerai su ogni cosa, anche se la colpa non sarà tua o tutta tua.

Questo atteggiamento è ingiusto verso te stesso e agli occhi degli altri ti rende una persona fragile e manipolabile.

Cosa che piace molto a chi vuole approfittare di te.

Se ti trovassi in situazioni in cui sei rimasto deluso, analizza cosa è successo e impara la lezione.

Tu sei responsabile delle tue azioni e del modo in cui ti senti.

Prendi atto che non puoi controllare tutto ciò che ti circonda ma puoi accettare tutto ciò che ti accade.

Invece puoi godere a pieno di tutte le opportunità, uscire con gli amici e socializzare ti permette di migliorare sempre di più.

Quando ti senti deluso, analizza ciò che provi e riconosci quanto influenza i tuoi pensieri e il tuo modo di essere in quel preciso momento, questo ti permetterà di andare oltre.

Non commettere l'errore di rimanere all'interno della delusione per troppo tempo, perché potresti entrare in un circolo vizioso in cui poi è difficile uscire.

Capitolo 7

PNL

Se si può modificare il proprio atteggiamento comunicativo, si può altrettanto facilmente arrivare dove vogliamo e la Programmazione Neuro Linguistica (detta semplicemente PNL) è una delle discipline che più ha insistito sul fatto che non solo sia possibile fare tutto quello che ti sto proponendo, ma ha anche messo alla prova gli esercizi che ti ho proposto e ne ha ottenuto risultati incredibili, sia con persone "normali", interessate ad approfondire le proprie capacità lavorative e relazionali, che con persone con pesanti difficoltà dovute anche a condizioni traumatiche.

La PNL insiste sul fatto che non serve un addestramento lungo anni e neanche una serie infinita di conoscenze tecniche, così come un buon meccanico non ha bisogno di un laboratorio per astronavi se deve solo aggiustare delle comuni automobili.

Con questo spirito voglio invitarti ancora una volta a ripensare alle tue difficoltà e metterle nella giusta prospettiva: non sei sbagliato, non sei un cattivo comunicatore, ti mancavano solo i giusti strumenti di lavoro e non ti devi far spaventare da chi invece ha a propria disposizione moltissimi attrezzi (che però magari non userà mai).

Il punto più critico di questo atteggiamento è ricordarsi di potercela fare.

**Come faccio a ricordarmi
che sono capace di comunicare?**

**Come faccio a ricordarmi della
comunicazione assertiva?**

**Come faccio a ricordarmi dalla
mia immagine positiva?**

Anzitutto, tieni a portata di mano questo testo per quando ne hai bisogno.

È sempre la PNL a venire in nostro soccorso, e manco a farlo apposta, nel puro spirito di questo testo che vuole essere più pratico possibile, lo fa con un esercizio.

Quando senti che gli insegnamenti che hai appena appreso ti sfuggono o c'è una situazione in cui fai fatica ad applicare quanto detto finora, puoi usare una parola o un oggetto "magico".

Riprendi la tua immagine positiva, quella che ti ho consigliato di elaborare nella prima parte, quando abbiamo fatto l'esercizio dell'antidoto contro l'agitazione e ora, immagina di trasferire quella immagine in un oggetto.

Può essere un oggetto fisico, come un portafortuna che puoi tenere al collo o in tasca, può essere un gesto che fai con le dita senza essere visto, può essere una parola che puoi ripeterti senza essere sentito.

Ripensa intensamente a quella sensazione, lascia che ti scaldi il cuore, poni la tua assoluta e incrollabile fiducia nel fatto che puoi essere così come nella tua immagine positiva e utilizza questa esternalizzazione come mezzo per ancorarti a quel concetto di felicità a portata di mano.

L'**anchoring** è una realtà, ed è tanto efficace quanto semplice.

Ora anche tu ne puoi sfruttare le potenzialità quando senti di averne necessità.

Puoi avere diversi oggetti, parole e gesti con diversi significati per diverse occasioni, anzi: sarebbe più consigliabile averne uno per ciascun ambito della tua vita.
Vuoi sapere qual è uno dei gesti di anchoring più semplici da utilizzare? Il sorriso.

Il sorriso e i neuroni specchio

Abbiamo già visto come il copying sia uno degli "assi nella manica" della comunicazione assertiva che viene usato e raffinato dalla PNL e come l'anchoring riesca a mantenere l'attenzione sulla potenzialità che puoi esprimere.
Ora vediamo di scoprire un altro importante meccanismo basato sulla capacità di "specchiarci" e "fare da specchio" con gli altri.
Abbiamo già affrontato il tema del sorriso nel capitolo precedente, ma forse non sai che quando sorridiamo utilizziamo una certa quantità di muscoli ma non ne siamo coscienti.
Il sorriso però è talmente potente come immagine che se una persona ha dei problemi di autostima, con conseguente influenza nella sua produzione di dopamina e serotonina, basterà forzare il sorriso (anche senza una motivazione per esprimerlo) per indurre il cervello a pensare "ehi, sto sorridendo, allora sono felice"; sì, si può ingannare il cervello e questo è uno dei molti modi in cui possiamo costringerlo a pensare positivamente per noi.
Quello che accade nel nostro interlocutore, però, è ancora più affascinante.
Non solo i suoi livelli di "ormoni del buon umore" saliranno, ma sarà indotto a considerare di dover rispondere nella stessa maniera grazie al funzionamento dei neuroni specchio.
Questo particolare gruppo di filamenti sinaptici è deputato all'imitazione dei gesti di un nostro simile al fine di copiarne i movimenti in modo da apprendere nuovi schemi motori e comportamentali, esattamente come fa un bambino che osserva gli adulti e poi applica ciò che ha imparato.
In realtà, non smettiamo mai di imparare e i neuroni specchio sono sempre lì.
Quando entriamo in "modalità assertiva" e mostriamo di stare valutando l'altro come un adulto maturo e funzionale, esprimendo quella stessa solidità e i valori che abbiamo già ripetuto altre volte, induciamo un atteggiamento di copying nell'altro verso di noi, e possiamo quindi indurlo col sorriso ad associare quella piacevole sensazione alla nostra presenza.

I tipi comunicativi: cinestesici, auditivi e visivi

Come abbiamo già potuto vedere nel capitolo relativo alla comunicazione non verbale, gli occhi indicano non solo se si sta dicendo la verità o meno, ma anche quale tipo di esperienza sensoriale si sta ripescando dalla memoria o si sta invece inventando di sana pianta.
Questa divisione è possibile in quanto noi tutti siamo divisibili in tre grandi gruppi comunicativi:

- Cinestesici: circa il 25% delle persone utilizzano verbi e modi dire che rimandano per lo più al mondo tattile, alle sensazioni fisiche che si possono provare con le estremità superiori, dicendo cose come:
  "Ci metterei la mano sul fuoco che è come dico io",
  "C'è molto attrito tra di noi";
  sono per lo più flemmatici, hanno un tono di voce basso, non cercano un contatto visivo fisso ma propendono per quello fisico.
- Uditivi: sono circa il 20% quelle persone inclini all'uso di termini e verbi relativi al mondo sonoro, possono essere identificati quando dicono cose come:
  "Se la canta e se la suona da solo",
  "Ero così felice che mi sembrava di sentire le campane",
  "È antipatico come il suono di gessetti sulla lavagna";
  sono per lo più introspettivi, prendono molto tempo per poter riflettere e capire bene cosa stanno sentendo e che significato hanno le parole che hanno udito.
- Visivi: il 55% delle persone, una maggioranza importante, quindi, sono quelle che pensano e parlano per lo più con parole e forme verbali che richiamano le immagini:
  "Ho visto troppo",
  "Si vede a occhio nudo che non gli sto simpatico",
  "Gliene ho combinate di tutti i colori".
  Gesticolano molto, disegnano per aria sottolineando le parole, inseguono immagini e vivono le sequenze dei racconti e degli accadimenti come fotogrammi di un film.

Ma come ci può essere utile questa suddivisione?

Molto semplice: ciascuno di noi risponde in maniera più aperta e collaborativa quando incontra un suo consimile del proprio gruppo comunicativo sensoriale, esprimendo una simpatia altrimenti immotivata.

Tieni anche conto che si può cambiare tipo comunicativo nel corso della vita e che talvolta ci viene spontaneo usare una forma di espressione a lavoro e un'altra a casa, per esempio, quindi non ti stupire se ci sono delle differenze che puoi riscontrare anche solo durante l'arco della giornata.

Venendo al nocciolo della faccenda, quando incontriamo una persona di uno dei tre gruppi, ci possiamo allineare al suo tipo comunicativo utilizzando a nostra volta i verbi adatti.

Hai già fatto molti esercizi con i verbi servili e i verbi ausiliari, ora puoi fare pratica con quelli che esprimono concetti sensoriali.

Prova a pensare a uno dei seguenti scenari ed esprimiti in sintonia con gli auditivi, con i cinestesici e con i visivi.

- C'è un ottimo affare sul tavolo, ma tu hai delle riserve;
- Quella persona potrebbe stare mentendo;
- Bisogna cambiare immediatamente rotta.

Capitolo 8

PRINCIPIO DI PIACERE EMOTIVO

Da Buddha ad Aristotele, il principio del piacere ha attraversato più di ventiquattro secoli per arrivare a noi.

Per il padre del buddhismo, il piacere, sia emotivo che fisico, si basa sulla possibilità di avere ciò per cui si prova attrazione e di tenere lontano ciò verso cui si prova avversione.

Il problema che ci poniamo noi comunicatori assertivi e che Buddha ha affrontato per primo è che quando ci relazioniamo agli altri, abbiamo molta difficoltà ad affrontare i cambiamenti.

Come ho già detto nel paragrafo relativo alla simpatia e al fatto che ci sentiamo traditi da qualcuno che potrebbe non condividere un nostro piacere, siamo sempre pronti a proiettare schemi comportamentali sugli altri anche quando non abbiamo effettivamente le prove per fare determinate attribuzioni.

Quando poi cambiamo idea o attitudine, o gli altri cambiano a loro volta caratterialmente, ci viene molto difficile tenere viva la relazione.

Quante coppie si separano perché l'uno con l'altro si accusano di non cambiare mai o di essere cambiati?

Nessuno dei due, però, magari aveva pensato di dover discutere di quali cambiamenti sarebbero stati accettabili e quali no all'interno della loro relazione.

Se ci atteniamo ai principi della comunicazione assertiva, se entrambi i partner (sia di una unione romantica che di un altro tipo di relazione) quando entrambi possono esprimersi, difendere i propri diritti e comunicano correttamente il contenuto delle proprie necessità, di ciò che gli fa provare attrazione o di ciò che gli provoca avversione, non si creano disguidi.

Aristotele, dal canto suo, propone all'oratore di essere una persona capace di suscitare piacere nell'auditorio.

Il buon oratore sa portare chi lo ascolta verso una soluzione a dei problemi, e lo fa spiegando che la situazione può cambiare proponendo una condizione via via sempre più probabile.

Però, per convincere gli altri ad ascoltarci, dobbiamo fare in modo che abbiano piacere nel farlo.

Per questo, le attenzioni verso il linguaggio non verbale e verso l'emotività sono state cruciali in questo percorso e tutti gli esercizi che hai svolto ti sono serviti per arrivare a questo punto.

Senza dilungarci ulteriormente in questo aspetto filosofico, eppure squisitamente pratico, vediamo come concludere questa parte inserendo l'emozione positiva come strumento a tua disposizione.

Quando parli con qualcuno, se ne hai la possibilità, scopri come portare piacere nella conversazione: c'è un argomento che trova irresistibile?

Il tuo interlocutore ha avuto una qualche soddisfazione di recente? C'è una buona notizia che gli si può dare?

Assertività è dedicare il proprio tempo: sul lavoro come in famiglia

Poche cose come l'atteggiamento positivo portano l'atteggiamento assertivo al successo nella comunicazione, in ogni campo.
Abbiamo visto come essere più sicuri e come trasmettere positività, ma c'è un ultimo fattore che non puoi trascurare:

**le persone si sentono apprezzate
quando dedichi loro il tuo tempo.**

Questa regola non conosce rivali in quanto abilità nell'arte della conversazione e se ti ho esortato ad addestrarti nel misurare le tue frasi, è perché sono convinto che in una conversazione non "vinca" colui che parla di più ma al contrario, chi parla di meno.
Quello che però ti aprirà porte che non immaginavi di poter oltrepassare è la propensione a dedicare la tua attenzione a chi vuoi attrarre sia per motivi personali che professionali.
Il cliente che può spiegare di cosa ha bisogno e che capisce che gli si fornirà quello di cui ha bisogno è il cliente ideale:
fornirà un buon feedback con gli altri, metterà una buona parola con i conoscenti, tornerà volentieri quando avrà bisogno del vostro prodotto.
Nella vita sentimentale e in famiglia, l'assertività funziona perché le persone che si sentono apprezzate e stimate valutano il tempo che viene investito nella loro conoscenza, ricambiando più volentieri nello scambiare reciprocamente le attenzioni.
Questo non è un manuale da "venditori di fumo", perciò ti avverto che non puoi dedicare tempo a chi non vuole ricevere le tue attenzioni, ma sicuramente la propensione alla gentilezza e all'ascolto possono aumentare le possibilità di conoscersi.

CONCLUSIONI

Arrivati alla fine di questo percorso ti chiedo di riprendere il tuo biglietto scritto all'inizio della lettura del libro.

Ora, la motivazione che ti ha spinto a leggere questo testo ha probabilmente assunto una sfumatura completamente diversa.

Probabilmente hai superato quella necessità iniziale e sei già pronto a modificare quella tua domanda in qualcosa di più profondo.

Perciò, ti dico che il viaggio non finisce qui.

Il mio consiglio è di nutrirti di tutti i consigli (sensati e autorevoli) sulla comunicazione che puoi trovare, di informarti e di continuare a leggere e studiare: non te ne pentirai.

Finiamo in bellezza, con un ultimo esercizio: scrivi il tuo esercizio di comunicazione assertiva sfruttando gli elementi che hai trovato in questo testo e usa la tua fantasia.

In bocca al lupo!

www.ingramcontent.com/pod-product-compliance
Lightning Source LLC
Chambersburg PA
CBHW061817250726

48657CB00001B/468